AF443956

Thatiana Salazar

Bioterapeuta, facilitadora de procesos de transformación espiritual para el liderazgo. Certificada en sanación por respuesta espiritual; Coach Emocional, Especialista en BioSanación Emocional y Entrenadora Mental certificada por la Escuela Colombiana de BioSanación Emocional.

Desde el año 2.008 acompaña y apoya a población en condición de discapacidad por enfermedad crónico degenerativa. Socia y entrenadora del proyecto "Por un Mundo Mejor" -PUMM-; fundadora y directora de la Fundación Casa del Retorno, que desde el año 2.015 promueve un estilo de vida sano a través de la alimentación alcalina, meditación y respiración consciente.

A través de sus conferencias, talleres y sesiones terapéuticas, ofrece herramientas de consciencia plena y desarrollo del ser con el fin de cristalizar metas, sueños y alcanzar la sanación física y emocional.

La ENFERMEDAD puede ser Tu mejor Oportunidad

Thatiana Salazar.

Titulo original
La Enfermedad Puede Ser Tú Mejor Oportunidad
Publicado por
Thatiana Salazar

Edición
2018 Bogotá Colombia.
Teléfono
3107907416

Editado por
Sandra Patricia Bastidas Santacruz

Ilustrado por
Diana Camila Niño Galvis
Santiago González Rojas

Diseñado por
Enrique Salazar Triana

Primera edición octubre 2018,
ISBN: 978-958-48-4890-1

Cubierta
Thatiana Salazar Triana -Transformación-

www.casadelretorno.org
Thatiana.salazar@casadelretorno.org

A mi hermano Héctor Enrique; incondicional compañero y cómplice de mi causa. Gracias por acompañarme desde el primer instante en que recibí mi diagnóstico, siempre al tanto de todo lo que me sucedía. Desde el silencio me acompañaste apoyándome con tu amor incondicional

Mis Agradecimientos:

A mi esposo, por mantener encendida la ilusión de escribir estas líneas, comunicar y compartir que es posible.

A mis padres, por ser quien soy.

A Andrea Lasprilla, por su amoroso acompañamiento.

A mis tíos, que siempre estuvieron atentos y expectantes a mi proceso.

Y a una linda personita que fue mi cuidadora, mi bastón, paño de lágrimas y alegrías, Stella León Jiménez

INDICE

Para empezar...

Este libro representa el maravilloso y poderoso proceso de sanación de un ser inspirador. No solo encontrarás múltiples experiencias, también encontrarás claves que pueden generar cambios milagrosos como los que ha vivido la autora.

Me siento muy feliz, honrada y orgullosa de este trabajo y de darte la bienvenida a este emocionante viaje. Si lo que deseas es un cambio en tu vida y te has preguntado si es posible aquel deseo de tu corazón, si te han dicho que no sucederá, si has intentado demasiado ó si crees que has hecho todo lo que puedes para recuperarte, estás frente a una nueva oportunidad en tu vida para creer.

Para mí fue más que sencillo devorar este libro y sé que así será para ti. Cuando conocí a Thatiana, ya era luz para muchos, líder en su familia y ejemplo para sus compañeros y para mi. Tuve la oportunidad de acompañarla en parte de su proceso y desde el primer momento veía en sus ojos el brillo y el deseo de más.

Sus ojos me preguntaron si sanar solo era aceptar la condición con la que vivía y quiero que tú lo sepas: sanar es vivir libre; libre de medicamentos, de limitaciones y de miedo.

Thatiana es una de las mujeres más comprometidas, decididas y entregadas que he conocido. Ser testigo de su crecimiento paso a paso, me permitió consolidar mi vivencia y experiencia. Esa capacidad de vaciar su vaso, empezar a recibir desde cero e integrar nuevos conceptos a su vida le permitió reconocer un nuevo mundo. En este nuevo mundo, siempre podemos lograr más, entendemos que los límites solo están en nosotros y sabemos que una decisión es el inicio de un nuevo rumbo. En este nuevo mundo, sanar en plenitud se puede lograr.

En esta obra vivirás una interesante historia de la vida real unida a los valiosos aprendizajes de una mujer que se permitió avanzar. Si en tu vida quieres soluciones nuevas apresúrate a iniciar la lectura y toma nota de lo que puedes empezar a aplicar desde ya; te esperan lindos y sorprendentes cambios que te darán una nueva visión.

Gracias Querida Thatiana por permitirme ser parte de tu vida y de tu primer libro.

Con sincero amor,

Andrea Lasprilla

DIRECTORA ESCUELA DE BIOSANACIÓN EMOCIONAL

PRIMERA PARTE
ASÍ ERA YO

Alguna vez nos hemos hecho preguntas sobre las cosas que nos han pasado en la vida. Cuando llega ese momento intentamos buscar una explicación a aquellas situaciones que nos han generado frustración, inconformismo y una falsa resignación que acompaña nuestros pensamientos de vez en cuando. Cuando esos pensamientos se hacen más frecuentes llegan los ¿Por qué?

Durante mucho tiempo mis preguntas más frecuentes fueron ¿por qué mi vida sentimental es así? ¿Por qué tengo esta situación económica? ¿Por qué no soy madre? ¿Por qué? ¿Por qué? ¿Por qué?

Tenía 31 años y regresaba a Bogotá para continuar con mi carrera en la industria farmacéutica, había enviudado de mi primer matrimonio y alcanzado un alto cargo ejecutivo. Me daba el gusto de tener el carro o el apartamento que quisiera. Vivía en un apartamento soñado, podía tener lujos, viajes y darme gustos que pocos podían darse. Pensaba que haber quedado viuda tan joven iba a cerrar completamente las puertas de mi vida sentimental. Y no, además de tener una vida envidiable, tenía pareja. Juntos creamos una empresa propia que me generaba un alto porcentaje de rentabilidad.

Cierra los ojos por un instante y piénsalo, mi vida era perfecta. Quizás desees una vida como la mía y me digas que esto es la felicidad alcanzada o una vida realizada. Mi hermano me lo dijo una vez: "envidio la vida tuya, tienes la casa que quieres, el carro que deseas, puedes tomar las decisiones que quieras, si te quieres ir de viaje lo haces ¡puedes tener lo que sea!". Cualquier persona desearía una vida como la mía, cualquier persona, menos yo.

Era el año 2005 y con un alto cargo ejecutivo y una empresa proyectada al éxito, mis ingresos podían superar los 5000 USD. ¿Te parece sorprendente? Para mí no lo era. Siempre pensé que el dinero que ganaba no alcanzaba y que no era suficiente. Era cierto, el cierre bancario de cada mes venía acompañado con un sobregiro, tarjetas de crédito con cupo lleno, la cuota de la universidad y una tarjeta amparada. La cuota no era para mí, la tarjeta amparada tampoco.

Mis amigas lo llamaban "el engendro", ciertamente era un hombre catastrófico: Irresponsable y mujeriego. En una de esas reuniones sociales que acostumbraba a tener con mis amigos y mi pareja, alguna vez le preguntaron a él qué era lo que más le gustaba de mí y él respondió que mi carro. En ese entonces yo no era consciente de mis pensamientos que estaban centrados en no fracasar como mujer y como pareja. ¿Qué iban a pensar de mi si terminaba esta relación? ¿Otro fracaso más? ¿Quién más se fijaría en una mujer viuda? Pensaba que lo correcto era casarme con él y darle forma a esa relación.

Esa era yo. En esa época me negaba a aceptar que tenía una pareja que no me correspondía, desconocía completamente el daño emocional que me estaba haciendo y me presionaba a encajar a las malas en un paradigma con lo que tenía.

Hasta aquí tengo una vida económica y sentimental con ciertos altibajos que podría mejorar con facilidad. Solo que en ese entonces no sabía cómo hacerlo. Sumemos un tercer aspecto de mi vida, que sería el más difícil de todos: YO. Sé que estás pensando que el éxito estaba en mis manos y eso era cierto, en ese momento mis pensamientos me llevaban a tratar el éxito como arena entre los dedos. Esa parte de mí, que lo completaba todo era definitivamente mi carácter. Las personas a mi cargo sabían muy bien con qué persona trataban. Tenían una jefe exigente e intolerante que no soportaba una tarea retrasada. En el trabajo mantenía la cordura con un lenguaje y un comportamiento moderado, en la casa no. Cuando estallaba golpeaba mi cabeza contra las paredes ¿Las razones? Lo hacía porque me hablaban, porque no, porque sí y por si acaso. Reconocía que era una persona intolerante y que llegaba al enfado con bastante facilidad. Más allá de esa ligera aceptación, no había nada más.

A veces me sentaba en el sofá de mi casa y pensaba en varias cosas que me inquietaban ¿Para qué una casa tan bonita si no tengo hijos? ¿Por qué tengo esta vida sentimental? ¿Por qué esta situación económica? No me sentía cómoda al saber que mis preguntas no podían ser resueltas.

El Síntoma

Puedes estar acostumbrado a un síntoma. A esa sensación que tienes de vez en cuando, que no tiene explicación, que quizás duela o incomode y cuya preocupación se desvanezca a medida que va pasando el dolor. Tu preocupación dura lo que una pierna adormecida tarde en componerse o los quince minutos que dialogas con tu médico cada vez que le preguntas qué te está pasando. ¿Qué quiere decir un síntoma? Yo no lo sabía y tampoco entendía lo que los médicos me decían. Mi mente estaba enfocada en ello temporalmente. Comparto contigo cuatro escenas de mi vida que solo noté físicamente y no escuché con detenimiento en esos momentos de mi vida:

Escena 1. Después de una infección viral dejé de caminar. Tenía tres años de edad, mi movilidad estaba alterada al punto de permanecer sentada y no poder mantenerme de pie. Mis desplazamientos estaban condicionados por mi mamá que me ponía un conejo a diferentes distancias para que yo lo alcanzara. Fue algo pasajero y después de unos meses me recupero y vuelvo a caminar.

Escena 2. Eran las diez de la noche y estaba en mi habitación preparando mi proyecto de fin de semestre. Un examen final era la prueba reina para continuar mis estudios de bacteriología. Una sensación de milimétricas hormigas recorriendo por mi nariz y mi boca me generan incomodidad; toco mi nariz y siento como si estuviera tocando un hielo. Aunque siento mis labios inflamados, el espejo me demuestra lo contrario. Mis manos y pies adormecidos me hacen pensar que tal vez necesite una bebida caliente. Tenía 21 años y enfrentarme a la responsabilidad de mi proyecto y examen final no me permitía enfermar. El médico me habló de manejar el estrés y mantener la calma cuando las actividades que realizara fueran altamente demandantes.

Escena 3. Milton es trasladado a Cali por un nuevo trabajo y decido irme con él. Mi expectativa laboral era alta; para ese entonces yo era de las que terminaba un contrato e iniciaba uno nuevo. Esta vez fue distinto. Pasaron seis meses en Cali y no lograba iniciar un contrato. Decido acudir al neurólogo para hacer una Tomografía Axial Computarizada –TAC-, mi motivo de consulta: Empezó el hormigueo en mi pierna derecha, pierdo la visión lateral de mi ojo derecho, empiezo a ver doble y en tonos amarillos. La respuesta del neurólogo: "Todo está bien, estás muy estresada, relájate, toma con calma tu situación y haz algo que te guste". Inicio mis clases de manualidades, me uno a un multinivel y me dedico a leer.

Escena 4. Era la media noche en medio de un viaje aproximado de 18 horas que empezó en Cali. Nos detuvimos en Bogotá a recoger a un amigo y a mi mamá para luego dirigirnos a Ocaña. Nos equivocamos pensando que íbamos a pasar más temprano por un sitio llamado el Planchón. Este lugar no era seguro para nosotros. Estábamos corriendo el riesgo de ser detenidos en el camino por un grupo de delincuentes. Sentí como la pierna empezaba a hacerse más pesada, un hormigueo insoportable me hizo pensar que estaba reteniendo líquidos. Cuando le conté a un amigo médico lo que me había ocurrido me dijo que era estrés. De pronto recordé mis pensamientos de aquella noche: No dejaba de pensar que en cualquier momento podían secuestrarnos, robarnos o hacernos daño; me sentía completamente nerviosa de pensar que cualquier cosa podía pasar.

Título de la obra: 14 años con síntomas que no entendía.

¿El estrés?

¡Este médico es un mediocre! ¿Cómo es posible que me diga que tengo estrés? ¿Acaso el estrés se maneja? Vaya... que yo sepa tener estrés es algo normal. Acepto que soy una persona malgeniada, pero ¿Quién me va a enseñar a manejar mi mal genio? Yo entiendo que el sistema de salud limite el tiempo de atención y que en 15 minutos no alcancemos a hablar lo suficiente, pero ¿Por qué no me ordenan un examen?

Una resonancia hubiera resuelto todo de no ser por los protocolos del sistema de salud que inician con un rápido examen general. Lo más lejos que llegué para encontrar respuestas fue con una Tomografía Axial computarizada -TAC-. Para esa época una resonancia era lo último que podía pasar y mi cuerpo tenía que manifestar síntomas más graves para llevarla a cabo. Hoy, si tú tienes síntomas neurológicos, la resonancia es un examen inmediato que puede salvar tu vida.

¿Cómo puedo manejar el estrés? Todo el mundo tiene estrés. El estrés es inherente al ser humano ¿A qué voy al médico si siempre me van a decir lo mismo?

Sinceramente yo consultaba al médico cuando llegaba al límite de mis síntomas. A veces iba sola, otras veces iba acompañada de mi hermano y la respuesta siempre fue la misma: Estrés. En una ocasión un médico me dijo algo distinto y me sugirió ir a practicar yoga o meditación. Me inscribí en clases de yoga y sentí que eso no funcionaba; sólo asistí a algunas clases y luego abandoné. Sentí que perdía mi tiempo.

Siempre esperé que me dieran una pastilla que me quitara estas molestias y continuar con mi vida. Estar en el negocio farmacéutico me sugería que podía encontrar en un medicamento la solución. Irónicamente, no encontré la pastilla mágica.

Cuando más deseé la pastilla mágica fue cuando apareció un nuevo síntoma en mi cuerpo: la fatiga. Si hubo algo que siempre quise eliminar era esa sensación incontrolable de cansancio. A las 10 de la mañana podía sentir que el cuerpo no respondía y 15 minutos en mi carro podían hacerme creer que me quedaba energía para continuar trabajando. Cuando llegaba a casa, después de diez horas de trabajo, caía en mi cama totalmente desconectada.

Migrañas intensas, tinnitus, la fatiga diaria y el habitual hormigueo en la nariz en el cierre de mes, fueron mis compañeros inseparables por mucho tiempo. Las migrañas se hicieron tan fuertes que no podía ir a trabajar y mucho menos con esa sensación de fatiga.

Milton, mi primer esposo, siempre insistió en que me relajara y mi respuesta siempre fue ¿Y Cómo? Él sentía miedo de que yo muriera antes que él, imaginaba su vida sin mí y le enojaba verme en una cama intentando sobrellevar una migraña incontrolable.

Siempre pensó que si eso pasaba, no lograría manejar el estrés. Lo que ninguno de los dos imaginó es que Milton se iría primero.

Con la partida de Milton, el hormigueo en la nariz, la pierna pesada y el diario agotamiento me seguían acompañando. Regresé a Bogotá y empecé a consultar con varios médicos, uno de ellos fue un médico alternativo. Llegué a su consultorio por un cólico muy fuerte que no me dejaba caminar.

Cuando el médico tocó mi abdomen el dolor fue insoportable, sentí como si una lanza me hubiera traspasado. Cuando escuché lo que me dijo pensé que era broma: "Debes hacer un proceso de reconciliación con tu mamá" ¿Qué? Yo no tengo nada que perdonarle a mi mamá y mucho menos voy a pedirle perdón por algo.

En ese entonces mi mamá estaba representada por mi como una mujer fuerte con sus hijos y yo era consciente de su historia. Mi papá la había dejado sola, su vida fue muy dura y su crianza fue como la de su época, caracterizada por el maltrato y la exigencia. Con las palabras del médico, yo no establecí una relación entre mi salud y mi madre. Jamás pensé que eso tuviera alguna conexión y solo hasta mucho tiempo después entendí qué era lo que me quería decir el médico.

La "felicidad"

¿Qué es la felicidad? Todos alguna vez nos hemos hecho esta pregunta. Quizás tú también lo hayas experimentado. Quiero compartir contigo las imágenes y pensamientos que me rondaron durante catorce años de mi vida. Te pido que lo analices y revises conscientemente si tus pensamientos se parecen en algo a mi yo del pasado:

Estoy sentada en la sala de mi hogar, contemplando la belleza de unos muebles que escogí mientras sentía un vacío tan fuerte en el pecho que ni siquiera hoy logro describir. Este dolor era distinto, un dolor que no sentía físicamente, pero que era profundo y me presionaba. Mis pensamientos entraban en un océano con preguntas para las cuales no hallaba la respuesta.

Esos instantes de sonrisas, de bellos encuentros, de logros y de resultados, son momentos de felicidad. ¿Cómo puedo hacer para que esos momentos de felicidad duren más? Me gustaría que sucediera, ¿Será que esto es posible?

Al parecer solo existen momentos felices y la felicidad es entonces una serie de momentos felices. Si cumplo la cuota soy feliz, si soy exitoso en el trabajo, si consigo lo que quiero, si me gano un premio o logro unas vacaciones estaría siendo feliz.

¡Vaya! Entonces mi felicidad está ligada a todo lo que pasa afuera. La felicidad no existe, solo existen momentos felices que están fuera de mí.

Diario de Thatiana

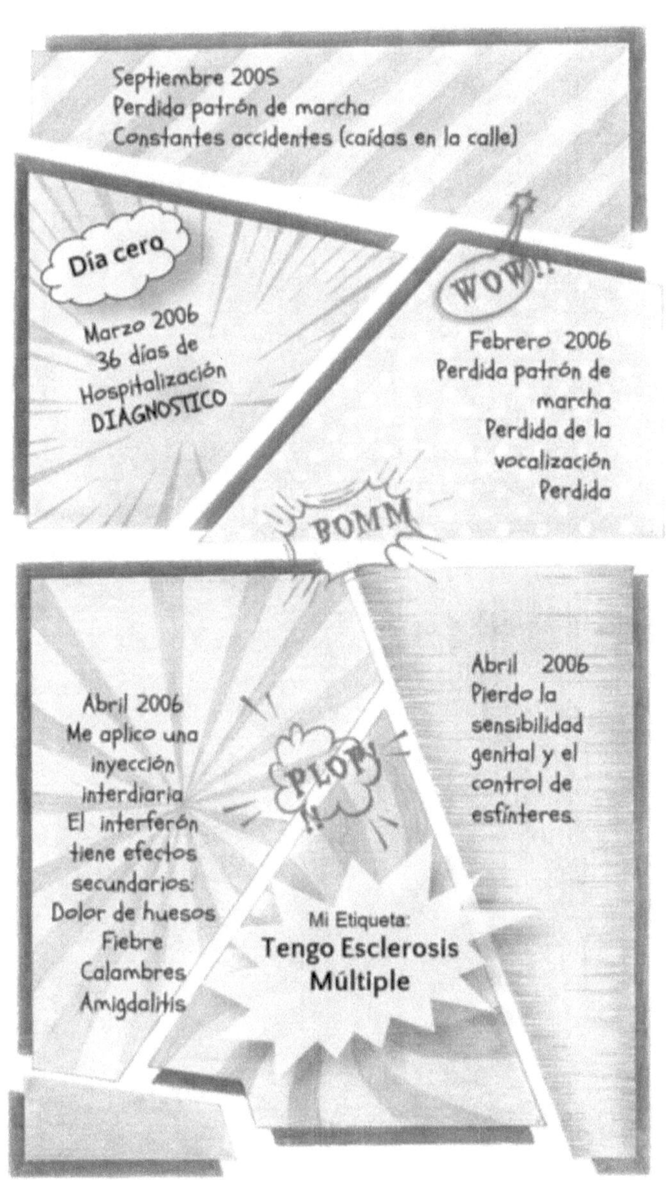

Septiembre 2005
Perdida patrón de marcha
Constantes accidentes (caídas en la calle)
Día cero
Marzo 2006
36 días de
Hospitalización
DIAGNOSTICO
WOW!!
Febrero 2006
Perdida patrón de
marcha
Perdida de la
vocalización
Perdida
BOMM
Abril 2006
Me aplico una
inyección
interdiaria
El interferón
tiene efectos
secundarios:
Dolor de huesos
Fiebre
Calambres
Amigdalitis
PLOP
Mi Etiqueta:
Tengo Esclerosis
Múltiple
Abril 2006
Pierdo la
sensibilidad
genital y el
control de
esfínteres.

Rueda de la vida

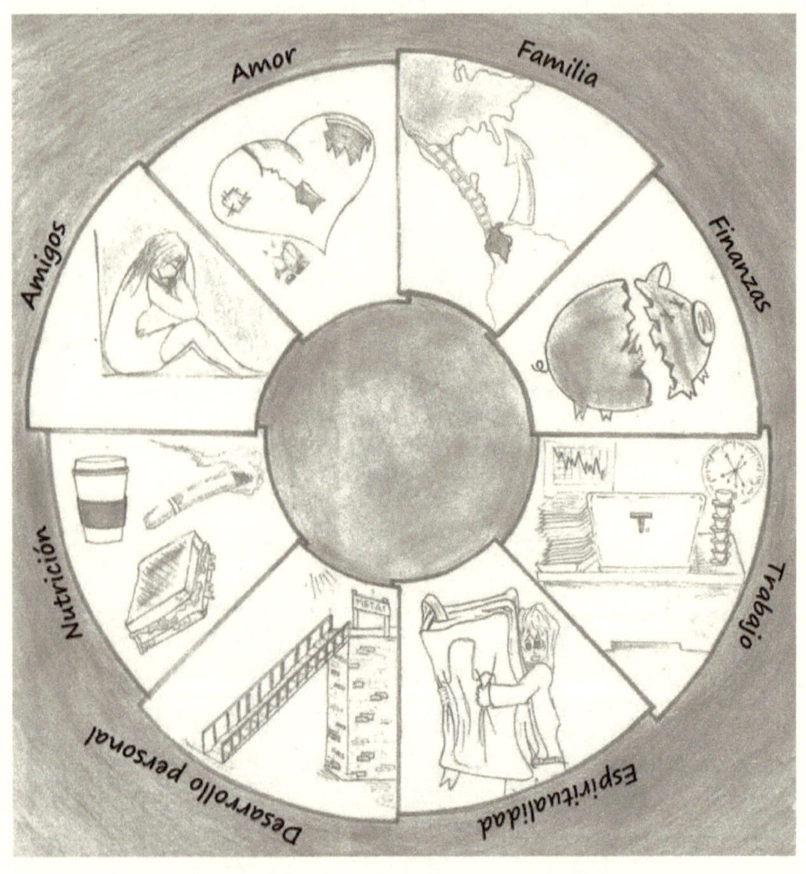

Las Situaciones
de alto nivel de
estrés celular o
una vacuna
pueden activar la
secuencia de ADN
que codifica que
la EM la puedes
padecer.

El día 0

...y me había tocado a mí...

Usted tiene una enfermedad para la cual debe hacerse unos exámenes e iniciar rehabilitación. Solo sabía que era una enfermedad que no tenía cura. Mis ojos se llenaron de lágrimas, jamás pensé que una enfermedad pudiera llegar a ser crónica y degenerativa.

Llegué a imaginar un panorama incierto y oscuro; era una enfermedad de la que sabía muy poco y esto no acababa de suceder; cada cosa que me decían no era ajena a mis síntomas. No se trataba de algo pasajero, ví una catástrofe pasando por mi cuerpo, me vi en una silla de ruedas, mi visión ya estaba afectada, mi piel, mi pierna derecha, todo ya estaba presente. ¿Qué seguía? No poder vocalizar, tragar, orinar...

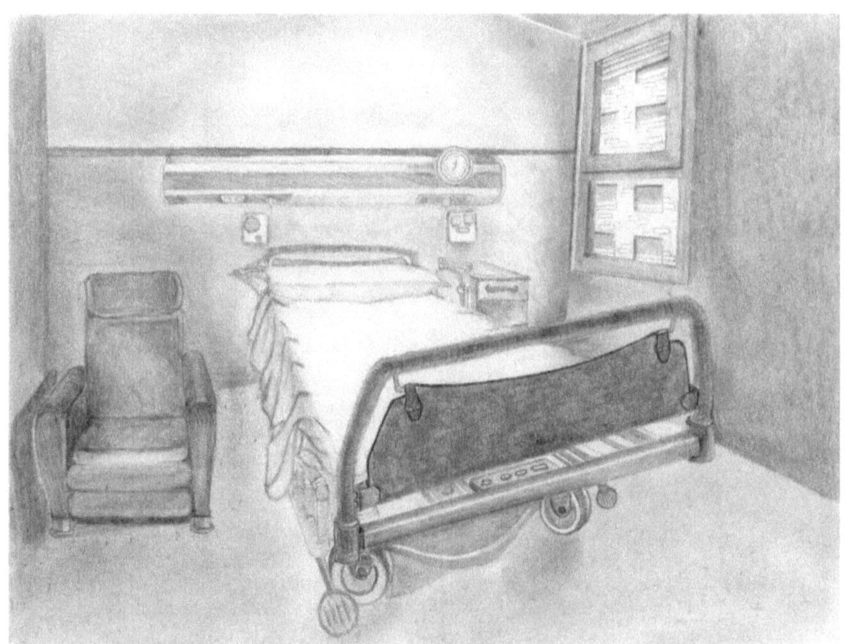

Fueron 35 días de suplicio y de interrogantes que me acompañaron mientras estuve hospitalizada. Deseaba que me dijeran que no era esclerosis múltiple, que se trataba de un error y que me iban a curar con una cirugía o un tratamiento.

Me di cuenta que mucha gente me quería, recibí tarjetas, llamadas, visitas. No me esperaba tanto cariño. Tampoco me esperaba que mi pareja de ese entonces, "el engendro", me dijera que estaba enamorado de otra persona. Al final, la situación con mi pareja no quitaba en un solo ápice la sensación de ser amada por todas las personas que me rodeaban.

¿Por qué a mí? Si he sido buena hija, buena amiga, buena esposa, buena hermana y he sido una trabajadora comprometida. No hubo una noche que dejara de preguntarme ¿Qué le estará pasando a Dios conmigo? ¿En verdad señor, deseo saber por qué o para que me has dado cosas que no he pedido? Recuerdo que a pesar del miedo y angustia que sentía sobre mi futuro, hablar con Dios era un acto de serenidad, la misma que tuve cuando murió mi primer esposo. Esta vez, realmente quería respuestas y estaba lista para saber de qué se trataba esto. Una resonancia magnética sería la prueba del diagnóstico.

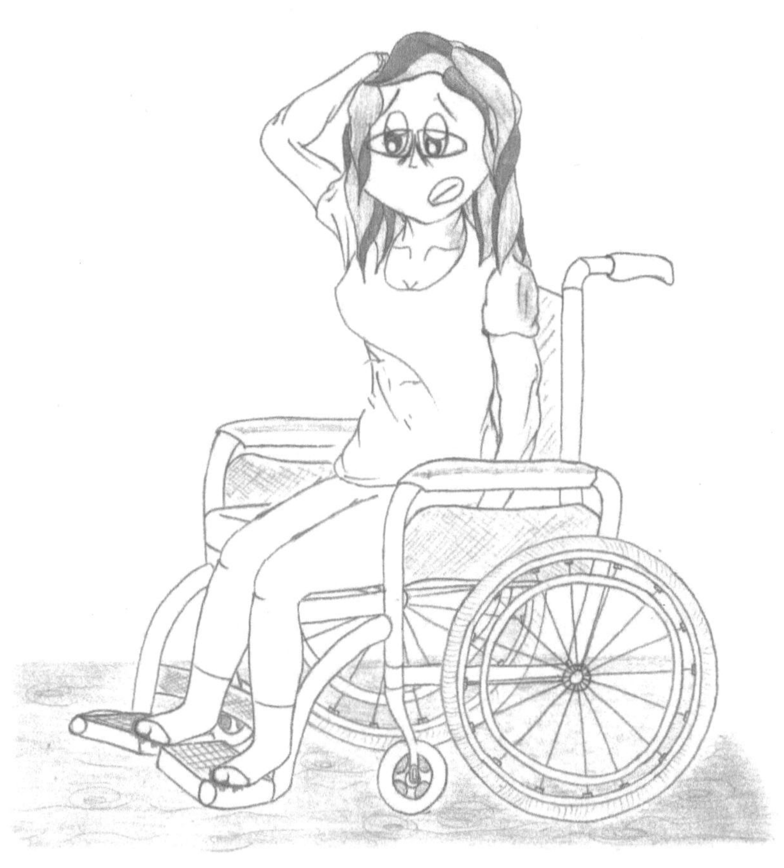

Estaba en una camilla para ser trasladada al sitio del examen en una ambulancia. Le dije al camillero que asegure mi pierna derecha porque la sentía suelta. Él me contesta que ya lo hizo y yo insisto; de pronto levanto mi cabeza, miro mi pierna y está completamente asegurada. Había perdido la sensibilidad en mi pierna derecha. Cuando me bajaron de la ambulancia a la primera persona que veo es a mi hermano. Su presencia me permitió expresar la más fuerte desesperación y el llanto que había contenido en una ambulancia durante veinte minutos. El desconsuelo se dejaba ver mientras gritaba que no sentía mi pierna derecha. Desde ese momento mi hermano se convirtió en ese compañero incondicional, único y capaz de ser fuerte cuando yo no lo era.

Los resultados de la resonancia habían confirmado el diagnóstico: Esclerosis múltiple.

La búsqueda

Después de pasar quince días en casa de una amiga y contar con el apoyo de una enfermera, regreso a mi apartamento a vivir sola. En mi opinión, el estado en el que me encontraba era realmente deplorable. En un acto más de soberbia que de consciencia, me levantaba, me bañaba y hacía todo completamente sola.

Persistía el temblor en mi mano y el ardor en la piel; no podía mantenerme erguida ni sentada, se me caía la lengua, mi vocalización se vió afectada y si tenía que bajar escaleras lo hacía sentada. Mi hermano me visitaba cada noche después del trabajo y estaba pendiente de lo que necesitara. Todos los días era la misma rutina, después de bañarme, llamaba un taxi, me recogían, me iba a rehabilitación todo el día y regresaba a mi casa a las seis de la tarde.

Una inquietud que tenía, había nacido en el hospital y se fue conmigo a casa. Mientras estuve hospitalizada, uno de los neurólogos que estaba revisando mi caso, me dijo que una de las causas más conocidas de mi enfermedad tiene que ver con el manejo del estrés y me recomienda la meditación, el yoga y pintar mandalas.

Después de catorce años, por primera vez relaciono mi estado físico con mi mal humor, regreso a ver las situaciones que me producen estrés y al fin me decido a dar un primer paso. Confieso que lo hice con escepticismo, sin embargo, quería lo mejor para mí. Mi deseo de saber por qué o para qué me estaba pasando esto en mi vida, era genuino; aún no sabía que estaba entrando en coherencia con mis deseos conscientes.

A veces las respuestas pasan frente a ti en el lugar que menos lo imaginas. La primera pista para dar el primer paso la encontré nada más y nada menos que en el televisor. Como todas las mañanas, este aparato fue mi gran compañero. Una mañana cualquiera estaban entrevistando a una persona que hablaba sobre un sistema de relajación y autoconocimiento llamado ISHA, en ese momento pensé que esto podría servir para mi recuperación.

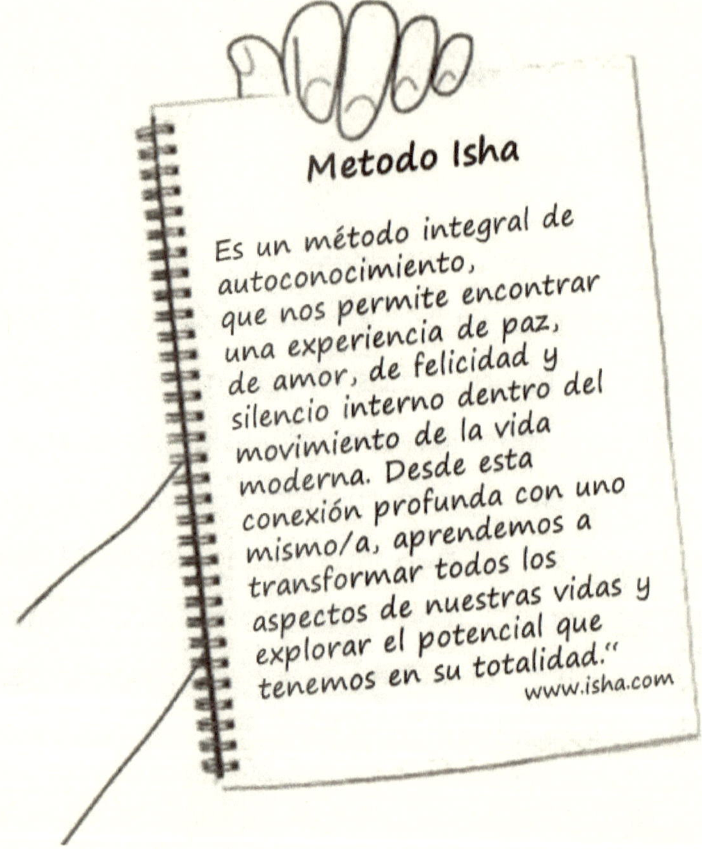

Me uní al sistema ISHA mediante mi participación en eventos, la repetición de frases todas las noches, múltiples lecturas y videos de entrenamiento. Cada vez que decía las frases sentía un calor intenso por la médula. No tenía claro si con una sencilla frase podía recuperarme, llegué a pensar que estaba haciendo algo ridículo, me reté a comprobarlo y pensaba que si no me curaba, al menos me relajaba. De cualquier modo, lo hacía.

Tener la mente en blanco fue uno de mis mayores retos. Cada vez que lo intentaba muchos pensamientos me invadían. Esta vez logré conectar con un aprendizaje que tuve hacia los cinco años de edad cuando me acerqué por primera vez a la sofrología a través de mi padre. Después de tres meses empiezo a notar cambios importantes; mi vocalización mejora y el temblor se reduce. Todavía se me olvidaban los nombres de las cosas. Había entendido más sobre mi enfermedad, la esclerosis múltiple era una enfermedad desmielinizante y autoinmune.

Pensamientos de la noche: era mi hábito nocturno
pensar en lo que no había hecho, en todo lo que

faltaba por hacer y lo que había quedado mal, ahora el pensamiento debía centrarse en la frase a repetir:

"Gracias al amor por mi experiencia humana en su perfección"

Sofrología

Disciplina que utiliza técnicas de relajación y de imaginación como medio para el desarrollo del bienestar psicofísico del ser, llevándolo a un estado de armonía.

Tiene como objetivo el estudio de la consciencia y la conquista de los valores existenciales del ser.

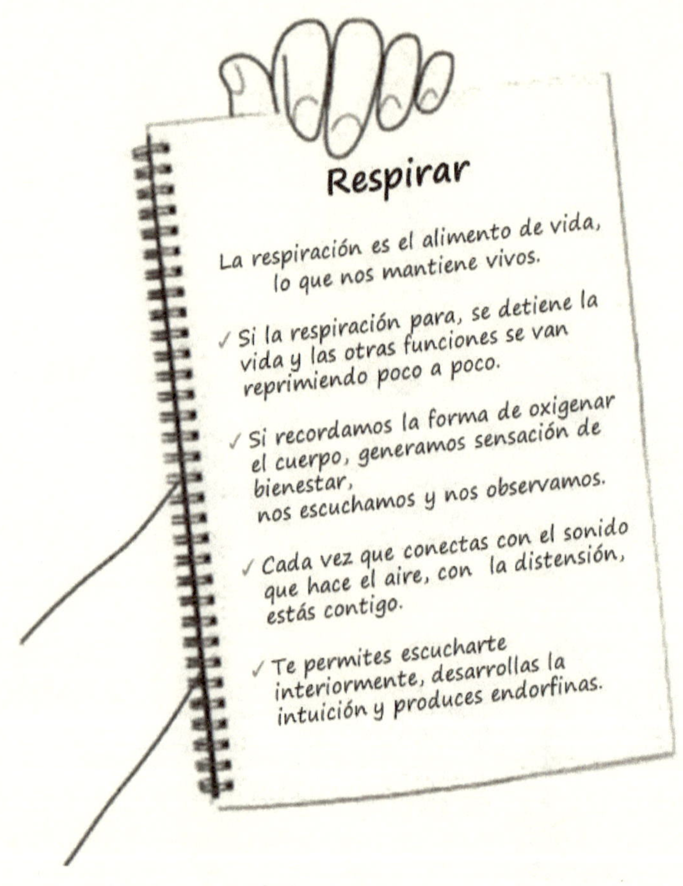

Por otra parte, decidí seguir las orientaciones que me brindaron sobre la alimentación, recibí información de mi tía Emelia sobre los neurotóxicos e investigué en artículos científicos sobre el tema. Cuando visité la nutricionista, mi plan de nuevos hábitos alimenticios se completó. Bajar de peso se convirtió en una de mis metas y representaba para mí la posibilidad de volver a caminar. Paulatinamente mis hábitos empezaron a cambiar, reduje el consumo de tinto, dejé de consumir azúcar refinado, alimentos con gluten, embutidos, alimentos de paquete y de salsas; harinas procesadas, bebidas gaseosas y carne roja.

Te preguntarás cómo me alimento hoy. Si pensaste que soy vegetariana, debes saber que no es así. Cuando entendí la importancia de los alimentos en mi cuerpo y la necesidad de regenerar mis células y nutrirme, tomé consciencia sobre lo que yo estaba consumiendo. No me interesa promover el vegetarianismo o el veganismo, decisiones que respeto profundamente; trato de compartir contigo la consciencia sobre lo que consumes e invitarte a revisar qué le estás dando a tu cuerpo. Mi situación era tan particular, que logré identificar alimentos neurotóxicos que no favorecían mi recuperación.

Entendí en esta experiencia, la necesidad de ser asesorada por expertos, la importancia de revisar lo que consumía y sobretodo, la fuerza interior para tomar decisiones que me garanticen un mejor bienestar.

Llegué a sentirme como un bicho raro, sin embargo, no me convertí en una mujer arrogante que solo recibe cierto tipo de alimentos. Aprendí que en una reunión social podía recibir un pedazo de carne, o unas galletitas junto a un jugo endulzado. La vibración de los alimentos puede cambiar cuando pones una intención en ellos. El agradecimiento y la bendición de los alimentos son mis cubiertos adicionales a la hora de alimentarme. Después de dos años, reduje 18 kilos.

¿Retomo mi vida?

Lo Bueno

Tenía cita de control con mi médico. Ese día llevaba una segunda resonancia magnética y descubrimos que las placas a partir de las cuales me habían diagnosticado estaban cicatrizadas. Era tal la sorpresa de los resultados, que mi médico retoma mi historia clínica, revisa los exámenes y verifica mi diagnóstico. Queda ratificado que los síntomas estaban desapareciendo. Empezaba a disfrutar de estar conmigo misma, la comodidad de entrar en silencio y meditar me llevaban a un estado de tranquilidad. Mi nivel de estrés se había reducido significativamente.

Conocí en mi empresa un hombre amable y cariñoso; estaba divorciado y tenía un hijo. Pensé ¿Por qué no darme esa oportunidad? se estaba fijando en mí. A pesar de ser viuda y tener un diagnóstico, esto hablaba de sus buenos sentimientos. Había deseado una pareja, hijos y sentirme atractiva, así que me di la oportunidad de construir un hogar. Tal vez al tener una familia encontraría lo que me hacía falta. Aunque tenía una incapacidad permanente, tenía la posibilidad de dedicarle tiempo a mi empresa.

Lo Malo

Con los resultados de mi recuperación a la luz de los exámenes médicos, la constancia en la respiración y la meditación, empecé a sentir que ya estaba resolviendo mi situación. Sentí que llegaba la cura, desaparecía una enfermedad y en consecuencia, daba fin a mi tratamiento.

Sentía que ya estaba curada y con el tiempo empecé a dejar la meditación, ya no la necesitaba.

Lo Feo

"La vida no tiene sentido". Esta frase salía de mi boca y la escuchaba mi acompañante Martina, una perrita cariñosa que era de mi hermano. Esto sucedía un viernes cualquiera, sentada en la sala de mi casa, viendo una película y comiendo palomitas de maíz. De repente sentía como me invadía una tristeza y no hallaba explicación. Martina, si no fuera por usted ¿Qué sería de mí?

¿Por qué no rinde mi dinero?

Las meditaciones habían curado buena parte de los síntomas, la respiración podía regresarme al equilibrio. Era inútil poder usarla justo en momentos en los que me enojaba con el financiero de mi empresa y me salía de control. Retomar mi vida incluía esas reacciones emocionales del pasado. No obstante, mi cuerpo seguía sin ser el mismo. Intenté volver a mi empleo y no fue posible. A las diez de la mañana podía ganarme la batalla un cuerpo agotado que escuchaba rogar por energía a una mujer desesperada que se encerraba en el baño a convencerse de que si podía. En esos momentos pensaba en todo menos en respirar, meditar o relajarme.

Casa del Retorno

Había decidido retirarme de la empresa farmacéutica, pensando en mi tranquilidad. Si eso me había llevado a estar enferma, tenía claro que no quería repetirlo. Lo que si quería era sentirme laboralmente activa y una revelación me indicó qué camino tomar.

Fundación Casa del Retorno

Estaba empezando a pensar que la sanación consistía en aceptar amorosamente y necesitaba resignación. Esa aceptación de lo que estaba destinado por Dios haría que se estabilizara la enfermedad y que siguiera viviendo.

Después de catorce meses de rehabilitación obtengo mi resolución pensional y comienzo a participar de reuniones con más pensionados como yo. La aseguradora citaba en cada reunión a nuevos pensionados y es aquí donde me doy cuenta del desconocimiento sobre los derechos de las personas con discapacidad y hallo la necesidad de brindar apoyo en relación a la legislación, el sistema de salud y el sistema jurídico.

Yo podía ayudar. Asumí que mi misión era ayudar a otros a un mejor vivir, ayudar a otros a entender lo que ni yo misma entendía. Empecé a realizar talleres, a buscar tutoriales para recuperar mi motricidad y decido dedicarme a otros.

Había realizado unos estudios en alta gerencia y con dos compañeras damos nacimiento a un proyecto llamado Casa del retorno. Casa del Retorno significaba retornar a la vida activa y productiva. Solo años después comprendo el verdadero significado de este nombre.

Las cosas vuelven

Quince días bastaron para que mis piernas no respondieran a la marcha. Viajé a Estados Unidos y mi familia se sorprende de ver cómo mis síntomas habían regresado. Sentía todo el tiempo una sensación en mi piel como si la tuviera sobre el fuego.

Las cosas en mi nuevo hogar no estaban funcionando. No sentía tranquilidad ante situaciones que eran imposibles de manejar. Me di cuenta que mi nueva pareja quería una cuidadora para su hijo mientras él pensaba en divertirse con amigos y consumir alcohol. Estaba inconforme con mi vida y con lo que había construido.

Había iniciado tratamiento alternativo, mi médico me recordó la importancia de mi tranquilidad y decido volver a meditar, pero inician las recaídas a repetición, hospitalizaciones de tres o cuatro días y la constante rehabilitación.

En medio de la rehabilitación, encuentro la actividad física como una posibilidad de recuperación.

Endorfinas

Son hormonas producidas por el cuerpo que generan bienestar, son más potentes que un analgésico químico, la llaman la hormona de la felicidad.

- La actividad física aumenta la producción de endorfinas.
- Tienen un efecto muy positivo en el organismo
- La Esclerosis Múltiple puede mejorar con el aumento de endorfinas.

Zumba®: Disciplina fitness, que mezcla ritmos latinos y ejercicios aeróbicos con excelentes resultados. Siento más vitalidad, y mi cuerpo tiene un mejor desempeño en sus movimientos.

¡Siento más vitalidad!

Linea de tiempo

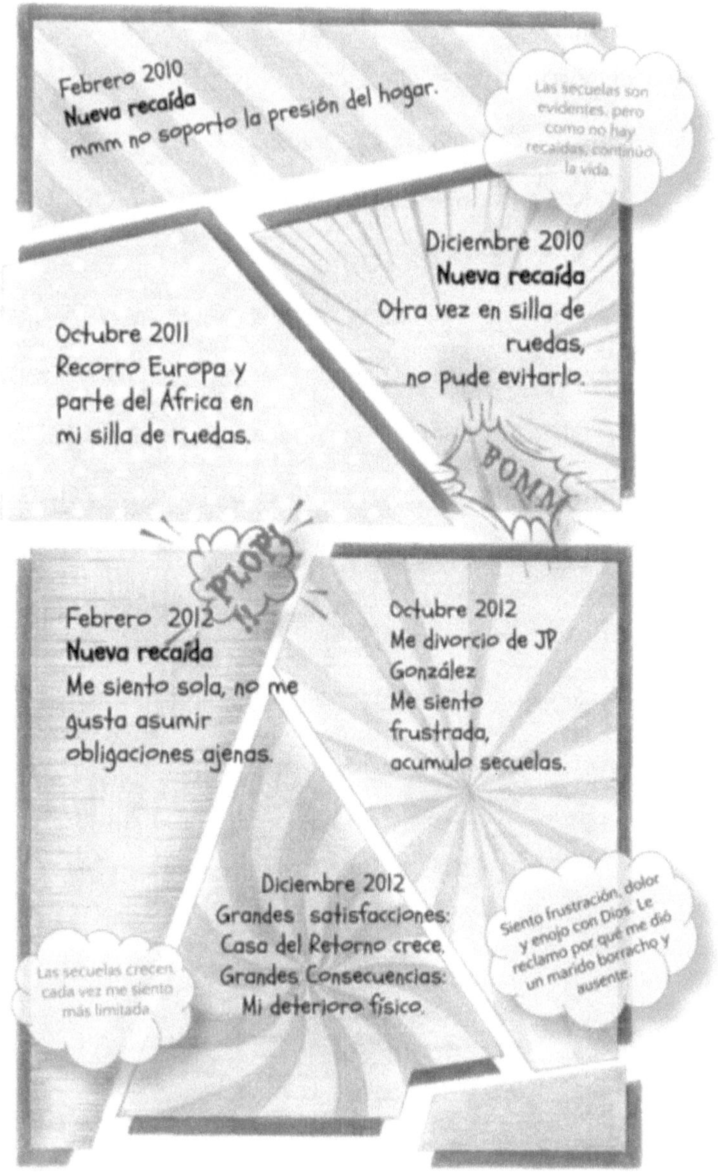

Febrero 2010
Nueva recaída
mmm no soporto la presión del hogar.

Las secuelas son evidentes, pero como no hay recaídas, continúo la vida.

Diciembre 2010
Nueva recaída
Otra vez en silla de ruedas, no pude evitarlo.

Octubre 2011
Recorro Europa y parte del África en mi silla de ruedas.

BOMM

PLOP!!

Febrero 2012
Nueva recaída
Me siento sola, no me gusta asumir obligaciones ajenas.

Octubre 2012
Me divorcio de JP González
Me siento frustrada, acumulo secuelas.

Diciembre 2012
Grandes satisfacciones: Casa del Retorno crece.
Grandes Consecuencias: Mi deterioro físico.

Las secuelas crecen, cada vez me siento más limitada.

Siento frustración, dolor y enojo con Dios. Le reclamo por qué me dió un marido borracho y ausente.

Casa del Retorno estaba creciendo, en distintos sectores deprimidos de la ciudad, instalamos grupos de apoyo. Me emocionaba conocer gente maravillosa, capaz de sonreír en medio de las adversidades.

El primer taller fue en mi casa con cinco mujeres. Empezamos a trabajar filigrana en papel, hicimos tarjetas y pintura. Fueron espacios divertidos y reconfortantes. Estaba dispuesta a aprender cada vez más estrategias para ayudar a los usuarios de la fundación.

Las actividades manuales

Son de gran utilidad para la introspección, lo que favorece el aprendizaje de la comunicación consigo mismo.

- Estimula las endorfinas
- Contribuyen a la sensación satisfacción como consecuencia de la creación lograda en cada manualidad.

La meditación activa

Contemplar la naturaleza y obras de arte; caminar en silencio en un bonito paisaje ó colorear un mándala.

Meditar se trata de entrar en comunicación con tu yo interior. Para mi es la mejor forma de orar.

Batalla de Pensamientos

En general, todos estos descubrimientos dieron paso al inicio de mi transformación. Lograba con facilidad entrar en silencio y estar conmigo misma por más tiempo. Esto permitió que los periodos de tiempo sin síntomas fueran más largos y que la enfermedad se estabilizara.

Sin embargo, seguía el sinsabor en mi corazón. Había algo más que debía descubrir:

¿Cómo ser feliz realmente?

Entre lo que investigaba, encontré un tema que para ese momento en lugar de ayudar me generaba más angustia. Entendía que Dios no me había dado nada que yo no pidiera o permitiera, que yo tenía libre albedrío y podía elegir si vivir desde el sufrimiento y la infelicidad.

Esto del libre albedrío no terminaba de digerirlo;
¿Cómo desde mi libre albedrío había elegido esta enfermedad? ¿Cómo elegir la esclerosis múltiple y otras de las enfermedades que me acompañaban en ese momento de mi vida? por ejemplo, la endometriosis que me impidió ser madre. ¿Era posible elegir una hipertensión arterial con sólo 36 años de edad? ¿Cómo era posible que yo eligiera este destino?
¿Por qué me castigaba con estas elecciones?

Y ni qué decir de mi vida sentimental, parecía tener todo para una relación feliz y era un infierno, ¿Qué había en mi mente y en mi corazón que desde el libre albedrío escogía una vida de sufrimiento?

Contra todo pronóstico, el aprendizaje no se detuvo. Conocí tres personas que alimentaron mi mente y marcaron mi vida para siempre. Los conceptos se hicieron cada vez más complejos y a pesar de ello, estaba dispuesta a intentarlo. Una de esas tres personas, se convirtió en un tesoro muy preciado para mi, que no solo alimentó mi mente, sino mi corazón.

Emelia, La Gran Señora y Andrés

En medio de cualquier tempestad, el universo siempre tendrá para ti un ángel. Desde que inicié el camino de la vida, el universo ya tenía destinado uno para mí. Ese ángel se encontraría conmigo en el momento más importante de mi vida y me entregaría dos acompañantes más para mi camino.

Emelia

Mi Tía Emelia tenía tan solo catorce años cuando yo nací. Ella fue testigo de la historia de mi nacimiento y la dueña de una gran caja con los secretos más sagrados de mi familia. Mi nacimiento representó para ella la llegada de una muñeca de verdad.

Estuvimos separadas por mucho tiempo y saber de mi enfermedad, fue la oportunidad para que mi tía regresara. Han pasado doce años desde nuestro reencuentro y el lazo se ha hecho tan fuerte como siempre lo deseamos.

Sus conocimientos en sofrología y su inclinación hacia la medicina alternativa la pusieron en mi vida en el momento perfecto. Su alma caritativa, noble y tranquila, desprendió sabios consejos para mí y para la fundación. Gracias a ella recordé el valor de respirar y su amor infinito la llevó a compartir cualquier tipo de información relacionada con mi alimentación y mis hábitos, convirtiéndose en un ser clave en mi proceso de sanación.

Comprometida con Casa del Retorno, mi tía Emelia decide contarme sobre una persona que puede brindar su tiempo y talento para ayudar a los demás.

La Gran Señora

Por primera vez, mi Tía Emelia me habló de una de sus amigas. Se trataba de la Gran Señora, una mujer con un corazón igual de noble y hermoso que el de mi tía. Estaba dispuesta a servir a los demás y gracias a un sinnúmero de experiencias gratificantes; su amplio conocimiento en reiki y terapia mandala eran perfectos para Casa del Retorno.

Con su orientación, me acerqué a otro sistema de sanación por respuesta espiritual (TRE), que permitió sanar mi pasado y encontrar una ruta más cercana a la armonía que estaba buscando. Conocerla fue el inicio de una relación entre dos confidentes y sanadoras. Su amor sigue siendo tan legítimo como el de una madre y un tesoro maravilloso que guardo en mi corazón.

Andrés

La Gran Señora comparte conmigo la historia de su hijo. Después de superar una enfermedad con un pronóstico de vida de ocho días, Andrés necesitaba hablar con alguien. Compartir mi historia con él podría ser un aliento para sentirse acompañado en medio de la soledad y la rutina.

No fue fácil la misión. Iniciamos tertulias en casa de La Gran Señora, que permitieran contar con la presencia de Andrés, sin embargo, por sus horarios de trabajo, el objetivo se veía frustrado.

Las tertulias continuaron una vez por semana, con temas espirituales que me permitieron aprender y disfrutar de un maravilloso crecimiento.

El día había llegado. La experiencia de Andrés en imposición de manos permitió que La Gran Señora lo invitara a una de las tertulias. Por fin el tema y el horario coincidieron. Su presencia permitió que conociera un poco más de mi vida y desde ese momento la tertulia se convirtió en nuestro encuentro sagrado.

Habían pasado varios meses de tertulias y un día cualquiera, Andrés no asistió al encuentro. Sentí que lo extrañaba y eso me pareció inusual. También noté que él sentía algo parecido, nuestras conversaciones se hicieron más cercanas y extensas después de cada tertulia y la posibilidad de conocernos era legítima.

Una llamada para acordar una cita personal confirmó cuánto me interesaba. Recibí mi postre favorito de manos de Andrés en medio de una encantadora timidez y el interés por continuar conociéndonos.

Con el tiempo nuestra relación fue madurando. Mi papá fue el encargado de tomarme de la mano para llevarme delante de Andrés y celebrar nuestra unión en matrimonio. Lo decidimos porque el amor nos convocó para crecer juntos en un camino que nos ha permitido conectarnos en temas de sanación alternativa y compartir nuestros pensamientos con una maravillosa tranquilidad que no había tenido.

Mi hermoso Ángel, mi tía Emelia, había cumplido la misión de traerme dos ángeles más para acompañarme en un camino de aprendizaje que seguirás conociendo en las páginas siguientes.

El Mensaje

Una dolorosa punción para extraer líquido cefalorraquídeo me llevó a una descompensación de la presión intracraneal, lo que provocó un dolor insoportable de cabeza que no me permitía abrir los ojos.

La tolerancia a los alimentos disminuyó al punto de vomitar constantemente. Ante esta situación, un medicamento con ergotamina era lo indicado. Lo que no sabían mis médicos era que dicho medicamento provocaba un efecto cruzado con lo que estaba tomando para la hipertensión. Mi presión cardíaca empezó a bajar y el último registro fue de 18 pulsaciones por minuto hasta que sufrí un paro cardiaco.

De pronto estaba en un lugar rodeada de naturaleza, era un lugar hermoso bañado por el verde fresco de las plantas. Una niña hermosa de cabello largo y dorado me tomó de la mano y me llevaba corriendo. Tuve una inmensa sensación de tranquilidad. Me sentía libre y podía sentir la libertad de la niña a través de su risa.

Escucho una voz que me dice: ¡Thatiana! ¡Thatiana, no puedes irte! En ese momento sentí que debía ir hacia esa voz. Le dije a la niña que me marchaba y ella lo aceptó con una inocente sonrisa.

No fue un sueño, este episodio de mi vida tenía un mensaje y era claro. Mi niña interior me había recordado el milagro de la plenitud.

Reconocí que mi proceso para el manejo del estrés no había culminado. Antes de llegar hospitalizada pasé por un episodio de crisis por una situación familiar y no lo manejé. En ese momento se me olvidó respirar, mantener la calma y todas las técnicas que había aprendido.

Tenía otra oportunidad. Casi no asimilo que estuve muerta y regresé a la vida. Y si estaba viva era para materializar mis sueños. Es así como doy nacimiento a un proyecto llamado EM-FORMA, un DVD y una plataforma virtual que se convirtieron en la oportunidad para promover la actividad física, la respiración sincrónica, la mediación, y la alimentación consciente.

Una pregunta me estaba rondando: ¿Es posible que yo sane?

SEGUNDA PARTE
CAMINO DE LUZ

Doce recaídas reflejaron el deterioro de mi cuerpo. Un medicamento más agresivo podía ayudarme y aceptar la quimioterapia ya era una decisión tomada. El tono muscular de mi pierna era tan bajo que la solución era usar una férula, que hacía que las posibilidades de conducir ó caminar se limitaran y no estaba dispuesta a retroceder.

Fue entonces cuando entendí que debía hacer algo más. No había sido suficiente con todo lo que ya había logrado. SI no quería la férula, debía mejorar mi tono muscular.

Mi deseo interior de frenar definitivamente la esclerosis múltiple se hizo más grande y estaba dispuesta a lograrlo. Ya había recibido información valiosa para mí, me había permitido recibir lecturas, vídeos, conferencias y entrenamientos de muchas partes del mundo y esto se había convertido en hábito. Expertos en el campo de la sanación ya habían tocado mi vida y sentía que ese camino no iba a detenerse.

Inicié mi proceso de rehabilitación con la fé intacta de no regresar. Mi deseo interno atraía personas con las que podía hablar de temas relacionados con la sanación emocional. Hablar de reiki, respuesta espiritual o arquetipos engrandecieron mi motivación por recuperarme; todo lo que había aprendido no era en vano y sentí que estaba muy cerca de responder a la pregunta del millón.

¿Por qué no soy feliz?
¿Por qué no logro la armonía?
¿Por qué tengo una enfermedad incurable?
Aún no podía ver... ó no quería ver...

Aunque mi acercamiento al Freedom Healing y a la física cuántica fueron regalos hermosos que me adentraron en un mundo que jamás pensé conocer, las preguntas en mi mente no cesaban y el estado de mi cuerpo iba en deterioro. Habían fichas en el rompecabezas que aún no encontraba.

Algo estaba esperando por mí y podía sentir cómo se acercaba.

Matías De Stefano

- ✓ Joven índigo, conferencista, Argentino.

- ✓ El mundo es afuera, como es dentro de mí.

- ✓ Cada una de mis células son representación del universo, cada célula mía es un micro universo.

Emilio Carrillo

Escritor y conferencista de la
península ibérica.

"Yo contengo a Dios y Dios me
contiene a mí" ¿Dios está
dentro de mí?... Si estuviera en
mí, yo no estaría enferma y mi
vida sería feliz y no es así, por
consiguiente ¡Dios no está en mí!

"Dios es Yo, y yo soy Dios en la
medida en que dejo ser Yo" ¿Y
esto cómo es?... Dios es creador
¿Cómo voy yo a ser creador?
¡Por Dios! ¿En qué cabeza cabe
este razonamiento?
Emilio es muy cálido y amable,
pero ¡enloqueció!

La Revelación

Cuando tienes un deseo intenso, la divinidad te pone todo en el camino.

Todo empezó cuando una de mis terapeutas me preguntó por aquel hombre. Se trataba de un experto en medicina nueva germánica que explicaba cómo las emociones podían ser expresadas en el cuerpo. En medio de toda la información que había recibido, no lo hallaba en mis recuerdos. Como era de esperarse, llegué a casa y ese mismo día lo busqué en la web.

Después de digitar su nombre en un buscador, mis ojos se iluminaron cuando frente a ellos estaba una conferencia sobre esclerosis múltiple. Sencillamente sonrío y pienso: Esto es lo que estaba buscando. Se trataba de Enric Corbera, un reconocido psicólogo, conferencista creador de la bioneuroemoción, quien de acuerdo a mis investigaciones vivía entre España, Cuba y México; su propuesta había sido incluida en el plan de estudios de una escuela de medicina en Argentina y tenía más de mil videos en la web que alimentaron mi esperanza viva por sanar.

Después de ver esa conferencia, fue imposible detenerme. Mi fé se hizo más grande cuando entendí un par de cosas. Para empezar, yo venía sanando por dimensiones; el dinero, la salud, mi vida sentimental eran islas aparte. Entendí que mi sanación debía ser integral. Aunque mi interés estaba puesto en sanar mi salud física, comprendí que cada cosa que pensara, sintiera o me sucediera podría relacionarse con mis recaídas y que estas a su vez, se sintonizaban con mi mente.

El concepto descodificación biológica había llegado a mi vida para quedarse. Tenía la posibilidad de cambiar mis redes neuronales y de sanar definitivamente. Deseaba tanto aprender a hacerlo que la divinidad hizo lo propio.

Luego de muchos años ubicados en un sector de la ciudad de Bogotá, realizando los encuentros habituales de Casa del Retorno, decidimos mudarnos.

Nos esperaba un sitio maravilloso en el que realizaríamos grandes proyectos. Hasta ese día no encontraba una manera de estudiar biodescodificación, distinta a ir hasta España y aprender todo lo que quería.

Parece mentira cuando digo que a las puertas de mi fundación la divinidad me llevó a un estudiante de biosanación emocional. Ferney estaba a punto de certificarse como bioterapeuta y su mensaje fue claro: Había escuela de formación en mi ciudad. 24 horas bastaron para obtener toda la información que necesitaba y tomar la decisión.

El Secreto:

Deseo Interior y Toma de Consciencia

Ese día estaba nerviosa, podía sentir como los latidos de mi corazón se aceleraban y al mismo tiempo sentía una hermosa tranquilidad. Mi deseo interior se hacía legítimo cuando crucé las puertas de la Escuela Colombiana de Biosanación Emocional para presentar mi entrevista de admisión.

Por mucho tiempo había deseado quitarme de encima una enfermedad sintiendo angustia, zozobra y desesperación. Quería encontrar la pastilla perfecta para recuperarme, dudaba de cada cosa que encontraba, pedía desesperadamente que alguien me curara. Lo mismo puede pasarte a ti, cuando la angustia te invade por el dinero que no recibes, la venta que no haces o el mensaje que no llega.

Esta vez sentí que había soltado todo aquello que me impedía ver que yo merecía lo mejor. Por esa puerta estaba cruzando una mujer firme, decidida y consciente. La sensación de bienestar me invadía por dentro.

Aquí entendí que estaba en otro escalón de mi vida. Que el verdadero deseo interior no necesita de angustias, que es mejor disfrutar el paseo en lugar de desear el resultado. Que puedes salir de ese círculo vicioso de ansiedad cuando tienes la certeza de cumplir todo lo que deseas. Puedes sentir como tu pecho se agranda, igual a la sensación que tuve cuando vi por primera vez el video de Enric y me entregaron el secreto más preciado por el que estaba esperando.

Me di cuenta que siempre quise una vida sana, una pareja estable y abundancia financiera. Lo que no había notado es que a pesar de esos deseos conscientes, en mi inconsciente deseaba lo que en realidad me ocurrió durante muchos años. Posiblemente quienes eligen una pareja que les maltrate, en su creencia esté fijado que quien más te quiere, más te lastima; aunque desees conscientemente una pareja diferente, tu inconsciente direcciona tu deseo interno y resultas con una pareja maltratadora.

Si en tu creencia está la pobreza, aún cuando resultes con un negocio multimillonario, harás lo necesario para que el dinero se vaya. Tu deseo interior quiere vivir en pobreza y aunque no te guste, al final lo creas y logras una perfecta alineación con esa creencia.

La enfermedad hizo que pudiera mantener la presencia de personas a mi alrededor. Estar en casa y no salir, encontrar afecto, atención y todas mis acciones me permitieron alimentar mi deseo interior de sentirme querida por mi mamá y mi familia.

Cuando te das cuenta que eliges algo con lo que no estás de acuerdo, es porque estás tomando consciencia de lo que pasa en tu mente. Te preguntas por qué te empeñas en tener una mejor pareja sin conseguirlo y al final reconoces que la realidad que quieres es una y la que construyes es otra. Comprendes que lo que te sucede no es dado por

Dios, que no se trata de un castigo o de una prueba, se trata de tu inconsciente. En palabras de Carl Jung: mientras el inconsciente no se haga consciente, el inconsciente sigue rigiendo nuestra vida. Yo lo llamo destino.

Al comprender que hay una diferencia entre lo que quieres y lo que generas, lo mejor que puedes hacer por ti es buscar orientación. Por eso, cuando eres consciente, te apoyas en elementos que te orienten, no necesariamente tienes que ir a un terapeuta; acudes a una lectura, a una conferencia y te rodeas de personas que estén en busca de lo mismo.

Tomar consciencia es un acto permanente y por lo tanto un generador de aprendizajes. Entre más amplia sea la consciencia, mayores serán las experiencias de aprendizaje y el conocimiento sobre nosotros mismos.

"Estar atentos a la observación de las creencias, permitirá migrar a nuevos paradigmas"

La toma de consciencia te lleva al compromiso contigo mismo de proceder a partir de la autoobservación y la acción. Diferente es, para quien aún no ha tomado consciencia, pues no sabe para qué le suceden las cosas, no sabe que detrás de cada situación hay un aprendizaje.

La divinidad me ha traído al lugar donde puedo armar un rompecabezas, cuyas piezas he venido fabricando en los últimos años, con toda la esperanza, la fe y el amor por mí misma. Lo que he descubierto desde ese momento, es lo que hoy me ha dado la energía para contar esta historia.

Así es como empieza el momento más hermoso, maravilloso y gratificante que he vivido en toda mi existencia.

Freedoom Healing

Silvina Paez
Fui creada en amor y libertad.
¿Cómo activo mis potenciales
espirituales?
Mis potenciales espirituales: Amor,
fe, confianza, templanza,
esperanza...

Física Cuántica

Gregg Braden
Pido al creador a través del
sentimiento.
Voy a pedir al creador sintiendo que
mi deseo se ha cumplido.
¡Si pido sanar y me siento sana,
sanaré!

¿Por qué no soy feliz?
¿Por qué no logro la armonía?
¿Por qué tengo una enfermedad
incurable?...

Reprogramación

Hay palabras que trascienden tu diccionario personal y se quedan para siempre. Se quedan porque desde el primer momento se conectan contigo y luego te das cuenta que han cambiado tu vida. Tu memoria puede olvidar cualquier cosa, menos una palabra que te ha transformado. Nada de lo que había leído o escuchado en todos estos años había elevado tanto mi motivación como la palabra REAPRENDER. Increíble pensar que después de ocho años, el tesoro que revelaría aquello que no encontraba, tan solo tenía diez letras.

La mente es muy poderosa para crear y para destruir. Puedes llegar a sustituir pensamientos por otros más acordes a tu momento presente. En la enfermedad, el síntoma es una oportunidad para descubrir lo que no funciona solo con escuchar lo que dice el cuerpo y gestionando las emociones. Luego, entiendes que tomando consciencia, hay información en el inconsciente que no es tuya, viene de tus padres, abuelos, de los padres de tus abuelos y así sucesivamente.

Nada mal entender un par de cosas sobre la mente humana. La descodificación biológica era eso, identificar mis emociones, descodificar y crear nuevas redes neuronales. Para mi esto significaba poder controlar mis síntomas, poder manejar aquellas situaciones con las cuales yo generaba estrés y venía una recaída. Iniciar mis estudios, era recibir todo lo que necesitaba para alcanzar este objetivo

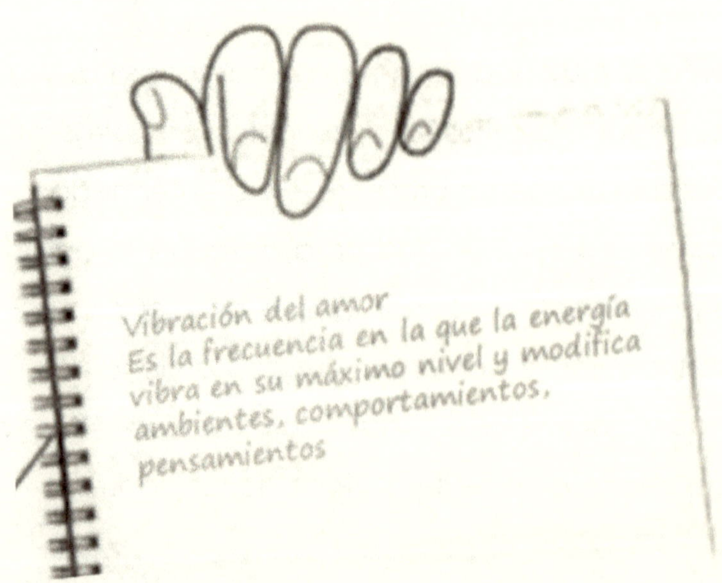

.El Proceso

Confiaba en que la escuela iba a brindarme una gran terapeuta y así fue. Mi deseo era encontrar un tesoro y así fue. Pensé que mi terapeuta iba a resolver todo por mi y me equivoqué. Como muchas personas, llegué pensando que la responsabilidad estaba en otra persona, otra vez caí en la trampa de la receta mágica, lo que me llevó a chocar con la realidad y esforzarme para avanzar.

Lo primero fue entender que solo dependía de mí. Lo que siguió, aunque parezca sencillo, no lo fue. Se necesitaron ocho meses para descubrir creencias limitantes, comprender mi nacimiento y sanar definitivamente mi relación con quien menos pensaba. La sanación era mi responsabilidad personal y pasé por lágrimas, gritos y refunfuños para aceptar que las herramientas, la información que necesitaba y los resultados estaban dentro de mí. Después de tantos retos que me había puesto, este no iba a ser la excepción. Levanté la mirada, sequé mis lágrimas como muchas veces y me llené de inmenso coraje. Podía hacerlo.

Tenía algo pendiente conmigo misma. Aunque había avanzado en la toma de conciencia, todavía era un proceso sin consolidar. Me estaba debiendo el amor propio. Me di cuenta de lo bella que soy, que mi vida es la mejor experiencia que puedo tener y que todo este camino es gracias a mí. No fue fácil, llevaba toda mi vida descalificándome, maltratándome y pensando que la mejor forma de amarme era a través del maltrato, así esto significara sufrir. Se trataba de sentirme y vivir feliz conmigo misma, no de buscar la felicidad fuera de mis ojos.

La Divinidad

Es un término cuántico, no se trata de suerte. La divinidad es una energía que está inmersa y presente en toda la creación.

✓ El amor es la fuerza en la que se interpreta la divinidad.

✓ El amor es la fuerza creadora que permite que las moléculas se unan y den origen a la forma: una piedra, una planta, una prenda de vestir.

✓ Divinidad no es una entidad o persona que está en un sitio especial, reside en nuestro interior, la divinidad está inmersa en cada una de mis células.

Sentía que por cada paso dado, iba ganando algo. Como si estuviera limpiando profundamente cada lugar de mi ser. Había lugares que ya había pasado y necesitaban brillo. Y otros que no conocía, por ejemplo, el tipo de enfermedad que tenía.

¿Por Qué Tengo una Enfermedad Autoinmune?

La característica principal de mi diagnóstico es que las células desconocen a su propio cuerpo y lo atacan. La pregunta de mi maestra fue contundente y simplemente me dejó pasmada: ¿Por qué te quieres destruir? Luego de esa pregunta sin responder vino otra: ¿Qué sucede en tu vida que crees no merecer? Mirarme a los ojos y preguntarme ¿Por qué quiero destruirme? era más que un acto de valentía. Estaba dando un gran paso que me llevó a emprender un viaje hacia mis ancestros. Y solo hasta ese momento entendí que mi enfermedad era la forma física evidente que representaba un conflicto familiar.

Las cosas no se quedaron así, el paso a seguir era acudir a las fuentes para revelar hechos por los que no se me había ocurrido preguntar. La línea materna transgeneracional fue reconstruida, uno que otro dato lo obtuve de mi mamá, pero la mayoría de información vino de mis tías, en especial de mi tía

Emelia, quienes no tuvieron reparo alguno en develar una historia que empezó con mi bisabuela.

Aquellas preguntas estaban empezando a tener respuesta. La relación entre la esclerosis múltiple y mi línea materna era evidente. Desde mi adolescencia, aquella incapacidad de enfrentar los problemas no era ajena a lo que me estaba sucediendo. Mi bisabuela y mi abuela también habían enfrentado situaciones familiares a través de la enfermedad. Una lesión de cadera y la amputación de una pierna tenían en común el encierro y el aislamiento. Aquel rastro ancestral era la huella que estaba en mi inconsciente y podía copiarla a fidelidad con una enfermedad que me llevaría a pensar, sentir y vivir del mismo modo que ellas.

Mi mamá regresó al país y empezó a vivir conmigo. En principio, pensé que era una situación circunstancial, pero no podía engañarme. Yo estaba en un proceso transgeneracional y necesitaba de ella. Saber sobre el pasado de mi mamá por ella misma no era fácil, su nivel de reserva era contundente y me quedó completamente claro que no iba a contarme detalles. Mi tía Emelia, vendría de nuevo a reconstruir otro pedazo de la historia.

Ella tenía tan solo 14 años cuando presenció mi nacimiento. Era como la llegada de una muñeca nueva o de una hermanita. Mi tía Emelia vivía en nuestro hogar y fue testigo de cada detalle y las circunstancias en las que nací. Me demoré tanto en nacer, que desde ese momento ya estaba programando la forma de gestionar mi vida. No salir del útero, sería más adelante el equivalente a no querer salir de casa y generar una enfermedad para que realmente sucediera.

Siempre admiré a mi madre por ser una mujer aguerrida y con talante. Una mujer que quiere lo mejor para sus hijos y que por encima del abandono de un esposo irresponsable salió victoriosa. Desde niña la vi como una mujer rígida, exigente y fuerte; reconocía que esos rasgos de personalidad tenían que ver con su niñez y con una vida caracterizada por el maltrato de sus padres. Gracias a mi madre nunca nos faltó el alimento, el techo ó la escuela.

La Confrontación

La descodificación biológica no terminó con las relaciones establecidas entre mi vida y mi nacimiento, mis abuelas o las situaciones difíciles de mi mamá. Había algo más por resolver.

Cuando alguien te dice que no confía en ti, te sientes como un extraño. Si estás en un grupo, sentirás como cada persona te rechaza y como dudan de tu comportamiento. Sin importar la forma de expresar el rechazo, cuando lo sientes simplemente te apartas y entristeces. La tristeza que tienes quizás nunca la noten, pero ahí está, presente dentro de ti. Sabes ocultar tus pensamientos, por orgullo, por verguenza o porque no eres consciente de ellos. El dolor de una vida golpeada por el maltrato, convirtieron a mi mamá en esa mujer desconfiada y fría.

Romper el silencio que se apoderó de mí, significó abrir una caja fuerte que contenía dolor, crítica, cólera, lucha interna y una necesidad profunda de amor. También estaba oculto un sentimiento tormentoso de culpa por no amar a mi madre en respuesta a su falta de afecto y rigidez. Siempre traté de compensar la culpa que sentía por mi incapacidad de amar, con otro tipo de acciones.

Me lo dijeron cuando inicié este camino: "Debes reconciliarte con Tu madre". Todo este camino me condujo a esa frase que un médico alternativo me dijo cuando no tenía consciencia, cuando no creía en la felicidad y cuándo no entendía lo que era amarme a mi misma. Llegó el momento para entenderlo, ya había subido todos los escalones necesarios para llegar a este punto y con el apoyo de mi terapeuta, podría cambiarlo todo.

Nada más complejo que entender que mi madre era mi espejo. Eso que yo veía y rechazaba de ella, estaba en mí. Fue como mirarla a los ojos, entrar en ella y verme ahí reflejada. Ahí estaba yo con todo eso que no me aceptaba, imitando a mi madre o haciendo cosas opuestas llevada por la soberbia. Me di cuenta que todo eso que me desagradaba o criticaba fuertemente, no estaba en mi madre sino en mi. Realmente era a mi misma a quien no toleraba, no aceptaba y juzgaba duramente. Mi madre me mostró todo aquello que yo rechazaba de mí.

Me resistía a verme en el espejo que me hacía
mi madre.

Yo también fui su espejo. Mi madre nunca quiso lastimarme, se castigaba a si misma desconfiando de mi. En ese momento agradecí con profundo amor todo lo que vivimos juntas y todo ese amor contenido que creía no sentir, ahí estaba, intacto y cristalino. Descubro cuánto me amo a través de este viaje de autoreconocimiento; me acepto y comprendo la perfección de mi experiencia de vida, mi perfección como mujer y como ser humano.

Cuando sabes que eres perfecto aun en la imperfección, te permites aprender y crecer.

Conocí su historia, me encontré en ella y pude verla con los lentes de la compasión. Los pensamientos sobre mi madre se transformaron y mis recuerdos alcanzaron una interpretación en la que ella entregó lo mejor de sí. Ella, desde sus creencias y en actos de amor hizo lo mejor que consideró como madre y como mujer.

Logro sanar la ausencia de mi papá utilizando la misma técnica del espejo. Perdono su abandono, irresponsabilidad e ingratitud en todas las dimensiones. Esto me lleva a tomar consciencia sobre la responsabilidad que tengo conmigo misma, a fortalecer la aceptación y aprobación contundente de mis acciones y a entender el tipo de parejas que hasta ese momento había elegido, cuyas características me permitían recrear a mi padre y eran completamente distintas de lo que conscientemente quería.

¿Cómo lo hice?

Siempre pensé que la búsqueda terminaría cuando tuviera en mis manos la clave secreta y en cada hallazgo estaba el deseo de encontrar una verdad. Llegar tan lejos no es un deseo que todos mantienen; algunos abandonan, otros se rinden y hay quienes se quejan de sus hallazgos y se funden en los pensamientos negativos. Si me preguntan en este instante, no inicié una búsqueda, más bien fue un camino. Es cierto que solo quería encontrar una cosa, pero en cada experiencia que viví durante el proceso terapéutico, aprendía lo que necesitaba para dar el paso siguiente y me convencía a mi misma de querer más. La pasión por aprender y todo este camino que nunca abandoné siempre estuvo ligado a una constante: La Determinación.

La determinación es el deseo interior que te lleva a hacer realidad lo que te propones.

Siempre ha sido mi mayor característica, con mi hermano pasamos situaciones precarias, hubo carencias y por encima de todo eso, siempre había un propósito. El universo conspira, las situaciones se dan y llegan las personas.

Cuando quería iniciar mis estudios, tuve claro dónde quería estar. No tenía dinero, ni trabajo y lo logré. Cuando finalice mis estudios fui la primera persona en encontrar un rural y antes de finalizarlo, ya contaba con un trabajo.

Cuando llegué a la descodificación biológica tenía claro que mi propósito era mantenerme estable y frenar o congelar la enfermedad. Podía sentir el mismo miedo y la misma verguenza que cuando iba al psicólogo, pero no la misma desconfianza y la opción de escabullirme.

Recuerdo que mi primer psicólogo me confrontó con mi papá y mi mamá. Durante seis meses recibí sesiones de aromaterapia, hipnosis y budismo. Todo iba bien hasta que él se fue del país y detuvimos el proceso. Luego inicié sesiones con una nueva profesional que me llevó a preguntarme ¿esto es todo? Me di cuenta que no era suficiente con desahogarme y que sentía una tranquilidad temporal con la que no daba pasos certeros.

Cuando llega la descodificación biológica, estaba en un momento en el que ya había adquirido otras herramientas, tenía mayor información y mi terapeuta me hizo preguntas que nunca había tenido que responder. No me estaba acompañando una terapeuta, se trataba de una mujer que ya había sanado esto solo podía provocarme una profunda admiración.

La historia de Andrea es fascinante. No había cumplido treinta años y su médico le dijo que tenía tres meses de vida. Luego de su exitoso proceso de descodificación, decide fundar una escuela con el propósito de ayudar a más personas a sanar. Cuando la conocí tuve esa sensación de estar en otro planeta, me sentía en las mejores manos y muy cerca de cumplir mi propósito.

Andrea es una mujer descomplicada y dulce. Desde el principio me sorprendió su tranquilidad y su vida centrada en el bienestar. Es una mujer que puede retirarse de un lugar si no es de su agrado. Vi cómo disfrutaba cada segundo y aprendí lo importante que es sentirse bien con las cosas que hacemos. No necesité esforzarme para ver la coherencia entre sus pensamientos y acciones. Su historia me inspiró a seguir ayudando a los demás.

En cada sesión terapéutica, nunca faltaron esas preguntas poderosas que retaban completamente a mi fuerte determinación. Aunque me sintiera confrontada, nunca me sentí juzgada; ni siquiera en ese momento en el que me dijo con firmeza que yo había traído a mi mamá.

A mis 46 años entendí que la actitud es fundamental. Remover creencias e instalar unas nuevas no era cuestión de días. La descodificación biológica no fue el punto de llegada, era parte del camino.

Entendí que el aprendizaje y el crecimiento son una constante en mi vida. Por mucho tiempo pensé que se trataba de desaparecer los síntomas. Ahora sé que esto no es suficiente y que el proceso termina cuando logramos erradicar las causas emocionales; por consiguiente, mi forma de pensar y sentir cambió, al punto de sentirme responsable de mi misma y de la gestión de mis emociones y pensamientos.

¿Qué fue lo que pasó?

Podría estar diariamente con Andrea, meditar un día entero o comer tan saludable hasta que mi nevera se llenara de alimentos orgánicos. Cualquier cosa podía hacerme bien, pero si no hacía mi trabajo de reprogramación con la misma determinación y constancia, todo podría seguir igual o peor. La decisión que puedes tomar en un proceso consciente, es abandonarte a ti mismo descuidando tu mente o arriesgarte a una reprogramación.

Ya había construido una red neuronal que me llevó a generar una enfermedad; esta red tenía muchos años y estaba llena de creencias limitantes, así que decidí crearme una nueva.

Iniciar la Reprogramación

Eliminar las creencias limitantes

El primer paso para reprogramarme era terminar con las viejas creencias, esto iba a significar modificaciones en la forma de relacionarme, vivir experiencias, y gestionar emociones. En palabras de Joseph Newton "Es necesario crear un espacio vacío para que las cosas nuevas lleguen".

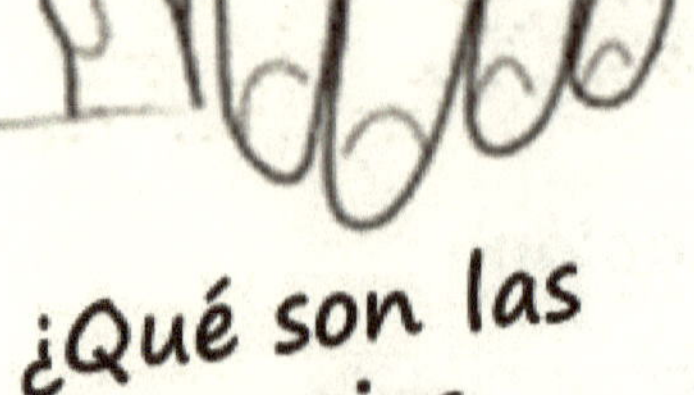

¿Qué son las Creencias Limitantes?

Es una información que tienes instalada en tu mente inconsciente, a través de la cual creas una realidad.

La coherencia está alineada en la creencia limitante: yo actúo y pienso según mi creencia.

Empecemos por la devolución o duelo. Se trata de un momento místico en el que agradeces, perdonas, aceptas y liberas; manifiestas a tus ancestros ya no necesitar la creencia limitante que te heredaron. En este ritual se pueden incluir elementos de la naturaleza, yo utilicé el fuego como elemento transformador. De este modo, aproveché, una de las características de la mente inconsciente de Carl Jung: "Lo real es igual a lo simbólico".

Reemplazo mis memorias tristes a través de la meditación y se reactivaron mis síntomas. Mi cuerpo vuelve a enfermar con una gripa muy fuerte y fiebre de 40 grados durante cinco días. Mientras dormía, mi cuerpo establece un sistema de reparación.

La devolución o duelo

Es un momento místico,
Un acto de psicomagia?

Es una técnica que apunta a
eliminar problemas de
origen psicológico,
mediante actos simbólicos,
creados especialmente
para cada situación y
persona.

Mis creencias limitantes:

Antes: Cuando hay problemas lo mejor es mantenerse alejados, los evito, no tengo la capacidad de resolver problemas.

Ahora: Un problema no es un problema, es una oportunidad para aprender. Salgo y lo enfrento.

Antes: El afecto lo recibo a través de la enfermedad, cuando estoy enferma puedo ver si la gente me quiere o no.

Ahora: No necesito de síntomas para sentir que mi mamá me quiere.

Mis creencias limitantes:

Antes: La plata es difícil de lograr, el dinero no es para mi, yo no cago billetes.

Ahora: Soy abundante y el dinero llega a mi para administrarlo bien en prosperidad.

Antes: El afecto se entrega y se recibe a través del maltrato.

Ahora: Me amo, me respeto, me acepto, me apruebo y me rodeo de personas que hagan lo mismo consigo mismas.

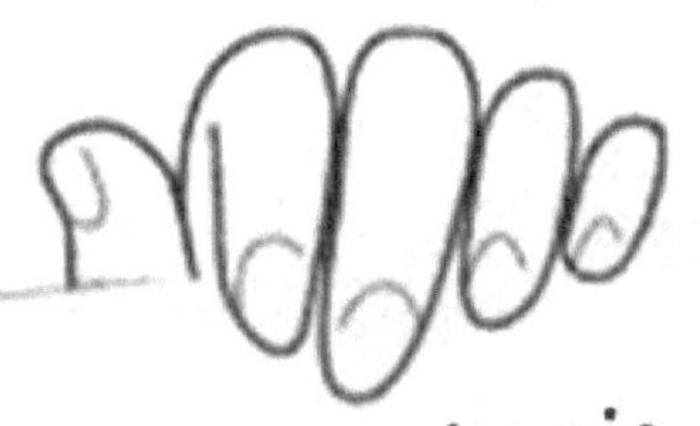

Tomo consciencia cuando:

Me acepto: Me permito ser en las diferentes formas en las que me expreso.

Me apruebo: El resultado de lo que hago me satisface.

Me perdono: Por mis pensamientos, por descalificarme, por no estar presente en mí.

Me respeto: Establezco límites, no me obligo, me autobservo.

Me amo: Para poderme amar debo dar cumplimiento a todo lo anterior.

Por eso me amo, me respeto, me acepto, me apruebo completa y profundamente...

El Recableado

Podía crearme una nueva realidad a través del poder de la sugestión. Tenía tres herramientas que me ayudarían: la programación neurolingüística -PNL-, la meditación y la toma de conciencia que había hecho sobre el poder creador que tengo. En mi constructo mental había experiencias de sufrimiento, dolor, tristeza, enfermedad, desamor. Esto no era ni bueno ni malo, era limitante.

Ahora es cuando cobra sentido la frase de Emilio carrillo "Dios es yo y yo soy Dios en la medida en que dejo de ser Yo". Yo soy creación divina, estoy hecha de esencia divina, por tanto, Dios habita en mí y yo en él. En la medida en que suelto mi yo terrenal, actúa mi yo espiritual que es la esencia divina que habita en mí y puedo crear un nuevo Yo, una nueva realidad.

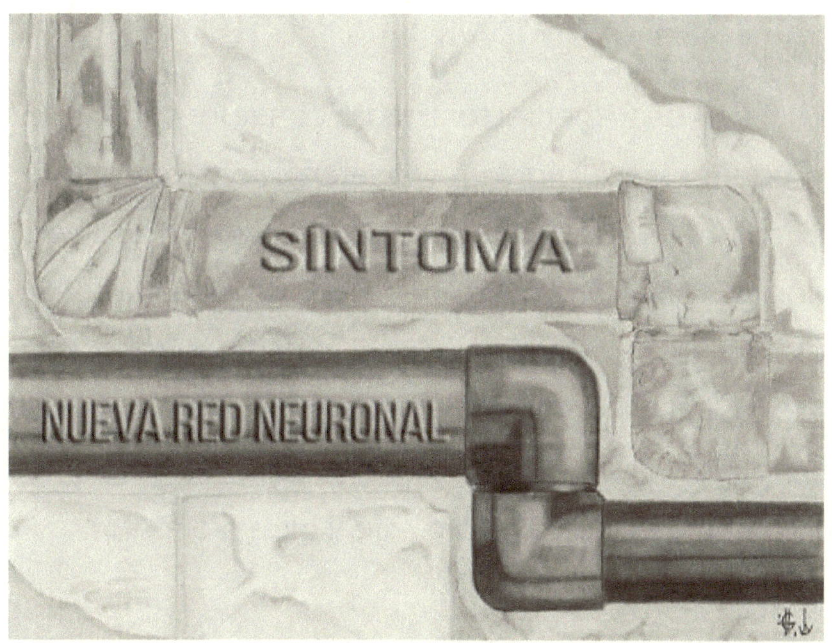

Coherencia

Elijo incorporar la coherencia en mi proceso. La coherencia me recuerda que estoy en el camino, que nada está terminado, que todavía necesito aprender y que para mi propósito de aprendizaje y crecimiento es importante alinear mi pensamiento con lo que siento y hago. Tres elementos clave: revisar tus pensamientos, que nacen a partir de las creencias que tienes en tu mente; sentir para conectar con lo que deseas, sueñas e imaginas y la tercera: actuar, porque cuando te mueves en pro de tu deseo, lo materializas. Estar en coherencia, requiere de herramientas. Ya conocía la respiración sincrónica y la meditación; gracias a mi mamá y mi Tía Emelia, estaba incorporando el Hooponopono, una herramienta sumamente poderosa, para este y otros propósitos.

Sentir el Deseo Cumplido

Consiste en sentir lo que deseas en presente y primera persona. Desde ya puedes sentirlo, porque lo recreas en tu mente. Es verte ejecutando la acción que corresponde a tu petición; si deseas abundancia siéntete abundante; si deseas un cuerpo esbelto, mírate y regocíjate en tu nuevo y lindo cuerpo; si deseas, una vida feliz, vive la felicidad desde ya. Eso es vivir desde el deseo cumplido.

Hoy sé que **todo lo que desee en** coherencia**, si siento tenerlo aquí y ahora,** lo recibo.

Empecé a pedir desde el sentimiento y es sorprendente lograrlo. Y con este ejercicio hoy puedo decir que estoy sana, no tengo síntomas, no uso medicamentos; he liberado mi mente, mi cuerpo y mis emociones.

Hoy, me siento mejor que hace 20 años cuando disfrutaba caminar, comer, leer, escribir... me había resignado a no volver a hacer tantas cosas como antes y hoy me siento una mujer sana!

¡Lo logre!

Escribir este libro, brindar mis conferencias, seminarios, talleres y terapias, caminar correr, sentir...son oraciones respondidas.

Red Neuronal:

Es un conjunto de neuronas que almacenan una información aprendida por el individuo.

✓ Se activan en automático cada vez que se necesitan.

✓ Estas redes neuronales dan origen al constructo mental, donde está la información que la mente y el yo creen necesaria para mantener vivo y adaptable al individuo.

✓ Se construyen por repetición o impactos para construir una nueva red que sustituya el trabajo de la red actual.

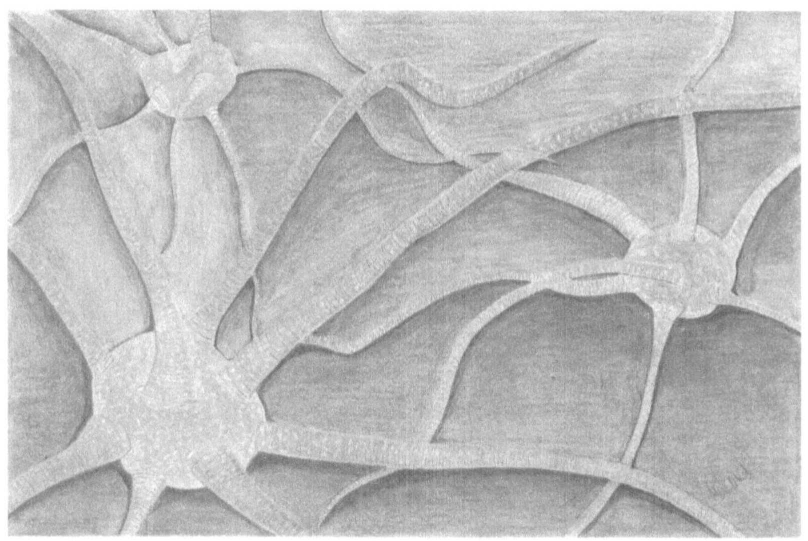

Red Neuronal

Los cambios

Les decía que al iniciar este proceso, no me veía integrada, pensaba que cada aspecto de mi vida era independiente y en principio lo que me llevó a estudiar BioSanación emocional fue el diagnostico que tenía. En el proceso comprendí que la sanación era integral. No solo mejoró mi salud, también mejoró mi economía, mis relaciones, en especial mi relación de pareja que era uno de los constantes ¿Por qué?

Las creencias influyen en todas las dimensiones de la vida. Con mi reprogramación abrí la maravillosa posibilidad de vivir una relación de pareja en real armonía. Comprendí que se vive en pareja para ser feliz, complementarse y acompañarse, había eliminado de mi mente que se vive en pareja para sufrir y empecé a vivir el gozo de tener un hogar.

El arquetipo materno nos entrega las herramientas para construir las relaciones familiares, la vida doméstica, y el equilibrio emocional. La sanación con mi madre influyó directamente en mis relaciones sentimentales y me permitió generar una energía armoniosa en mi hogar, relacionarme amorosamente con mi familia y en especial con mi esposo.

El arquetipo paterno nos entrega la representación de las finanzas, el trabajo y el éxito. En mi caso, mi madre asumió el rol paterno y en consecuencia recibo sus creencias sobre el dinero. Descubrir que mis creencias estaban ligadas a la idea de no cobrar servicios y a una programación materna en el cual los hombres no aportan dinero en casa, fue la clave para dar reprogramación a mis pensamientos sobre las finanzas, la economía del hogar y el significado de la abundancia.

Donde más siento los cambios es en la fundación. Hasta ese momento tenía un enfoque de apoyo a personas con discapacidad; era una abanderada de la inclusión y el respeto, hasta que entendí que eso sucede adentro y no afuera. Mi trabajo debía centrarse en ser un agente que facilitara el trabajo interno que promoviera la inclusión desde las personas mismas. Con esta nueva perspectiva, algunas personas se fueron, y otras se quedaron para incorporar en sus vidas el amor propio y la autoaceptación. La fundación había pasado de un programa asistencial a un proyecto formativo que se centra en lo personal. Con este cambio de misión, llegaron otro tipo de personas, solicitando nuestros servicios.

Mi forma de gestionar la ira es completamente distinta, cada vez que algo me disgusta me detengo y tomo consciencia. Antes dejaba que se acumulara la ira y estallaba en una serie de comportamientos que me hacían daño. Eso ya no sucede. No acumulo, no reprimo, no me guardo la ira, me permito sentirla y la gestiono en tranquilidad.

Mi alimentación se consolida en una toma de consciencia que me permite entregarle a mi cuerpo el mejor alimento para nutrirlo. Comparto con personas completamente alineadas conmigo; Andrea, mi terapeuta, se convierte en mi colega y amiga.

Fueron ocho meses que me permitieron aplicar todas las cosas que había aprendido en los últimos años. Me gustó todo lo que pasó, la información que recibí y haberme sentido libre de expresar cómo me sentía, sin pena, sin ataduras. Fue fantástico ir retirando el velo y encontrarme con mi YO, mis para qué, y las respuestas a esos para qué.

Más allá de lo que representa en mi vida entender cada "para qué", está la implicación cuántica de mi toma de consciencia. Se trata de aportar energéticamente al cambio de paradigma que exige el nuevo milenio y soltar los paradigmas principales con lo que históricamente tú, yo y todos los que nacimos antes del 2012, hemos construido nuestro constructo mental.

Paradigma de la ciencia:
¿Sé o no sé?.
Me limito a hacer o no hacer porque sé o no sé.
Paradigma político:
¿Puedo o no puedo?
Hago o no según se pueda o no.
Paradigma religioso:
¿debo o no debo?
¿Actúo bien o mal?
Paradigma Financiero:
¿Tengo o no tengo?
No tengo recursos = No puedo lograrlo
Soy libre y responsable de mi realidad.
Soy YO quien determino mi realidad, Yo Soy!.

TERCERA PARTE
LA OPORTUNIDAD

El cuerpo comunica

Entendí que existe un medio que me comunica si algo está sucediendo en mi interior. Lo que no se gestiona o está represado se expresa en la enfermedad y llega para que yo tome consciencia de lo que está pasando.

Después de la descodificación biológica pensé que había sanado para siempre y que volver a enfermar era imposible. Las lecciones no terminaron, en mi seno izquierdo aparecieron unas masas que tenían un sentido biológico. Estaba produciendo más células en la glándula mamaria que representaron la emoción de sentirme obligada a proveer a mi familia.

El significado de la enfermedad cambió para mí y ahora es el medio que me comunica lo que no he resuelto emocionalmente. Ya no se trata de un síntoma por callar sino de aquellos comportamientos o situaciones que se representan en una parte del cuerpo para ser resueltos.

¿Por qué Enfermamos?

Hemos aprendido que la enfermedad se origina por agentes externos o situaciones ajenas al cuerpo o al tejido implicado; pensamos que la vida sedentaria, la dieta, los virus o bacterias son la única causa. Yo estoy del lado de quienes piensan que las enfermedades físicas son el resultado de una sobrecarga emocional. Cuando no gestionamos adecuadamente nuestras emociones y sentimientos perdemos el equilibrio emocional y lo manifestamos físicamente.

Aún son miles de personas las que se quedan con el diagnóstico de la medicina convencional, sin contemplar más opciones para recuperar la salud en su cuerpo y nos queda un camino para que coincidamos en un manejo holístico de la enfermedad.

Cuando inicié la búsqueda, el médico me dijo que mi enfermedad se debía al estrés. Hoy le diría que tiene razón y aunque esto no me llevó de inmediato al estado de consciencia que tengo ahora, sé que era cierto lo que me decía.

La **enfermedad** ha sido descrita como una **ruptura en el equilibrio** del cuerpo y hay evidencia que indica cómo la química corporal del estrés genera el ambiente propicio para que **se den los síntomas**.

Las creencias limitantes son un factor determinante en la enfermedad. Se pueden construir o activar en cualquier momento de la vida; se pueden recibir en el vientre por herencia y activarse en una situación que vives en la infancia o en la adolescencia. Las creencias limitantes activan determinadas secuencias en el ADN que llevan a generar síntomas en partes específicas del cuerpo. Cuando se repiten determinadas situaciones en la infancia, las creencias tienen más poder y una simple frase puede instalarse para siempre y reflejar nuestras creencias en el futuro, luego, en la adolescencia o en la edad adulta, determinan nuestras relaciones, la forma de gestionar las emociones y si nos limitan, se convierten en enfermedad.

Incluso, las creencias pueden determinar el tipo de enfermedad. En el transgeneracional pesan los secretos y el dolor en silencio, pesa el miedo a tomar decisiones y a emprender acciones. Luego, en las siguientes generaciones se repara y se toma consciencia de lo que hemos heredado y no estamos obligados a llevar con nosotros.

Las emociones no resueltas, más las creencias limitantes, más las situaciones enmarcan la enfermedad.

¿Para qué Enfermamos?

La enfermedad no es algo que sucede por casualidad, pensaba que era algo por lo que todos teníamos que pasar. Siempre me hice la misma pregunta cuando no estaba en consciencia ¿Por qué? ¿Si soy tan buena mujer? Ahora la pregunta es

¿Para qué? y cuando te haces esa pregunta te das cuenta de cosas que no ves.

Hoy entiendo que enfermar es lo que me permite conocerme más a mi misma. Me convertí en la mejor observadora de mi cuerpo y mi cuerpo en mi interlocutor permanente. Empecé a escucharlo, a decirle lo que siento, a mirarlo con los ojos del amor, a recibir lo que me dice y a entregarle lo mejor.

Esto iba más allá de escuchar. Se trataba de gestionar, entender, procesar, aceptar y perdonar a quien correspondiera. Cuando te perdonas a ti mismo y a quienes han participado de la situación que llevaron a que se gestara tu enfermedad, te liberas, te sanas y te transformas. Desde ese momento, mi cuerpo es mi mejor aliado para mantener la sensación permanente de bienestar.

No hay manera de evitar la enfermedad. Si pretendes evitarla, es como si evitaras vivir tus propias emociones. La emoción es como un río que corre de acuerdo a tus creencias limitantes o a tus creencias empoderadoras. Cuando no gestionas la emoción, generas la sintomatología. Por esto es importante que se presente la enfermedad, porque así sabes lo que debes gestionar.

Yo enfermé para tomar consciencia plena, para descodificar creencias limitantes y sanar. Enfermar me sirvió para conectar con mi proyecto de vida, me di cuenta que podía ayudar a las personas, escucharlas y facilitar su proceso para encontrar respuestas a sus enfermedades. Cuando finalicé mi proceso, me proponen ser terapeuta y acepto.

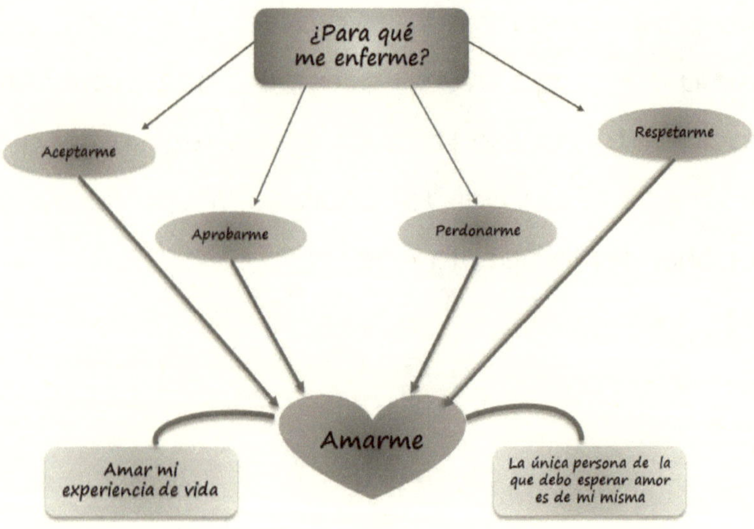

"La fuerza de mayor transformación después del amor, es la GRATITUD"

Thatiana Salazar

¿Y la Medicina Convencional?

Hoy se, que el fármaco puede callar un síntoma y generar dependencia. Esto lo permitimos como individuos, por las creencias que tenemos en el inconsciente colectivo.

Sé que los fármacos no van a desaparecer y seguramente tendrán que modificar su propuesta de valor. Con el tiempo ya no se comprarán químicos para aquietar un síntoma. Yo no recomiendo abandonar un tratamiento farmacológico para iniciar uno alternativo. De hecho hay situaciones donde se necesita un medicamento porque el síntoma ha tomado tanta fuerza que se requiere controlar químicamente situaciones en el cuerpo para gestionar una emoción.

Tampoco recomiendo abandonar el médico convencional. Gracias a los médicos recibí atención en cada una de mis recaídas, un diagnóstico que me trajo a este momento y recuperé habilidades que perdía una y otra vez gracias a un equipo de rehabilitación. No pretendo desmontar un paradigma que se ha afianzado en los últimos 26.000 años, ni mucho menos descalificar el trabajo de personas que quieren salvar la vida de otros seres humanos.

En este momento de mi vida, tengo un concepto de la enfermedad que me lleva a ver todo desde un nuevo paradigma: *"Soy el gestor y responsable de mi Realidad"*. Es por esto que no necesito tener un proceso de reiki ó sanación para decidir no tomar un medicamento.

Desde mi experiencia personal, la medicina alternativa entiende que el cuerpo expresa emociones y que con los tratamientos se genera bienestar y se estimulan endorfinas. Si la medicina occidental y alternativa procuran integrarse con propuestas de vanguardia y tecnología sustentadas en la consciencia plena y desarrollo del ser, ayudaríamos a más personas, evitaríamos la victimización y estaríamos promoviendo la felicidad y la vida en armonía.

Podrá parecer utopía, pero aprender a gestionar nuestras emociones nos libera; un hombre libre de sus demonios vive en paz y muchos humanos en paz, permiten un mundo en paz, en amor y en armonía.

CUARTA PARTE
LA SANACIÓN

¿Realmente quiero sanar?

Me di cuenta que yo había creado en mi inconsciente un sistema de manipulación con mi enfermedad. Generé en las demás personas consideración hacia mí y de paso se consolidó mi creencia de no poder avanzar frente a las dificultades.

Cuando digo sistema, me refiero a todas las formas a través de las cuales puedo manipular: los síntomas, la hospitalización, los medicamentos, los efectos secundarios, la limitación física. Esto lo creé desde mi mente inconsciente, en respuesta a mis creencias limitantes, lo comuniqué a mi consciente y activé mis pensamientos.

Generé el escenario perfecto para la compasión de los demás hacia mí.
"como no entenderla si se tiene que inyectar día de por medio"
¡Pobrecita!

qué necesita Thatiana en este momento?

Si continuaba mendigando amor a través de la fragilidad, la sanación no llegaría nunca. Si sanaba, el sistema que había creado desaparecería.

¿En verdad deseo sanar? ¿Estoy dispuesta a soltar las ganancias ocasionales por la enfermedad?

Si sanaba, mi vida iba a cambiar. Desde que me diagnosticaron con esclerosis múltiple contaba con beneficios legales en mi país que me permitían recibir un dinero mensual, ingresar gratis a determinados eventos, recibir atención preferencial en diferentes lugares, evitar filas e incluso utilizar mi carro las 24 horas del día. Aunque existieran restricciones en mi ciudad que obligaran a los demás a guardar su carro determinados días para disminuir el tráfico, yo podía sacar el mío por tener un diagnóstico.

¿Estaba dispuesta a vivir en un cuerpo sano, asumiendo que ya no tendría estos beneficios?

Sanar como Decisión

Habían pasado seis meses de mi proceso terapéutico y esa mañana fue distinta. Disfruté de la ducha como nunca lo había hecho y en un momento que puede parecer automático para ti, inició mi reencuentro. Sentir cada uno de los dedos de mis pies mientras los secaba se convirtió en un síntoma de esos que en lugar de alarmar para preocupar, son alerta de bienestar.

Lejos de imaginar que todo estaba relacionado con mi sanación, la sensación de ardor en mi piel desaparece y dejo de usar prendas para evitar la hipersensibilidad. Sentir las fibras de un piyama que ya no me quema, sentir gotas de agua en mis dedos y estar dispuesta a disfrutar de una caricia en mis brazos, son sensaciones que hoy valoro todos los días.

Había tocado mis emociones a tal punto que mi cuerpo estaba respondiendo. Lo más importante, es que no solo se trataba de una dimensión física de mi vida, se trataba de mi. Yo, Thatiana Salazar, estaba sanando.

Lo que estaba pasando era el resultado de reparar procesos celulares interiormente y decidí ir por más. Subir y bajar escaleras, jugar con mi sobrina a la golosa o pasar una calle corriendo fueron el reflejo de mi reencuentro. Entendí el significado de sanar.

Sanación es estar **presente contigo** mismo, con lo que te pasa y **gestionar lo que sientes**.

Cuando gestionas la rabia, la frustración, la angustia o la impotencia, el síntoma empieza a disiparse.

En este momento tienes una red neuronal ya construida para que tu cuerpo exprese un síntoma o una conducta. Gracias a tu ADN y a una secuencia de información genética, se dió origen a tu red neuronal que se activa y fortalece todos los días de tu vida.

¿Cómo alimenté mi red neuronal? A través de la enfermedad. Si enfermaba llamaba la atención de los demás. Cuando hago la descodificación rompo el vínculo para que no se siga alimentando la red neuronal con la que había vivido, creo una nueva y hago reprogramación para que mi sanación sea consistente; de lo contrario, una recaída llegaría en cualquier momento.

La forma de llamar la atención a mi familia no es enfermarme.

Para consolidar mi nueva red neuronal debo recorrerla una y otra vez hasta que llegue ese momento en el que me rija y mueva mi vida. Debo estar muy presente y no puedo permitir que se debilite, porque si dejo de hacerlo, activo la antigua red.

La sanación implica desprogramar toda esa historia que tenía en el inconsciente, mantenerme presente en mi nuevo yo y en lo que dije conscientemente que quería hacer. Es como cambiar la tubería de tu casa, no tienes que demoler toda la construcción para lograrlo, solamente necesitas una nueva instalación paralela a la que ya tienes y aún cuando no pudiste quitar la tubería vieja, simplemente dejas de usarla. Sabes que tu vieja tubería se quedó ahí, en tu casa, pero no te estorba, no te incomoda y ya ni la percibes.

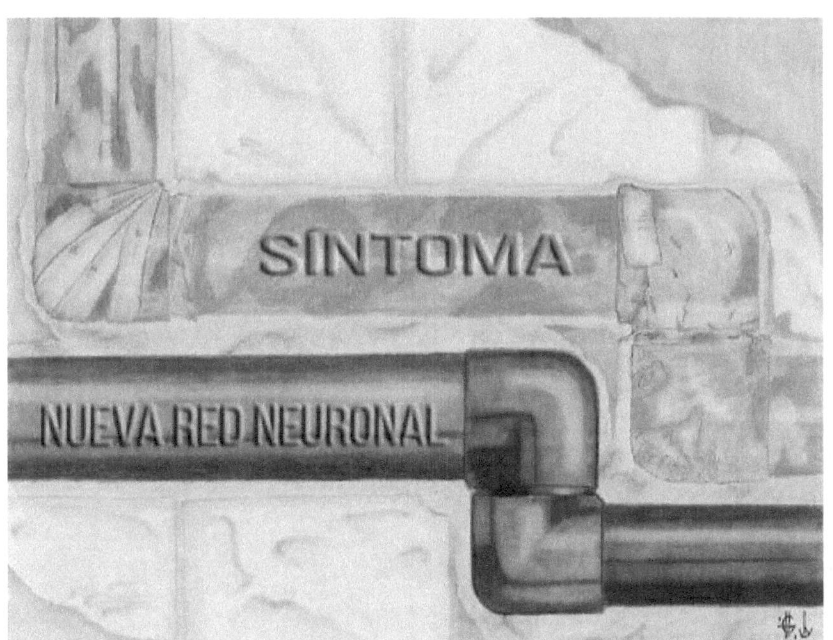
SÍNTOMA
NUEVA RED NEURONAL

Debo estar muy presente en mi
sanación.
mi síntoma es la voz de mi red
neuronal
Mi síntoma me indica la necesidad
de reparar
Por creencias limitantes no me
movía ante los problemas.
Sanar es estar en el presente todo el
tiempo, salir de la zona de confort,
entrar en consciencia.
Consciencia plena: Significa estar en
el presente.
Si estoy comiendo degusto el
alimento que tengo en la boca.
Cada vez que me baño,disfruto de
limpiar mi cuerpo,

Sanar sirve para construir la vida que quieres. Conscientemente quieres cosas bonitas y si sanas es para vivir la vida que tu declaras. Hay quienes dicen que quieren sanar pero en el fondo no lo desean. Puedes decir que quisieras no tener una enfermedad, pero solo lo dices; crees que lo piensas, pero en realidad, la enfermedad te genera cierta comodidad. Por eso puedes durar con ese dolor, con ese síntoma o con esa enfermedad mucho tiempo. Puedes ser tú quien no duerma bien, quien tenga una gripa recurrente, una migraña, una alergia o una enfermedad que te lleve a una silla de ruedas como yo. Puedes tener un síntoma, expresar que deseas eliminarlo, pero sin que tú lo sepas, te impides dar el paso.

No sanar y seguir enfermo es tu decisión. Desde que soy terapeuta he conocido personas que no están dispuestas a hacerlo. Conocí alguien que podía viajar por el mundo gracias a su medicamento, sanar representaría dejar de ingerirlo. Otras personas sienten temor de perder la atención que reciben de sus familiares y hay quienes no desean abandonar beneficios económicos o sociales que han ganado por cuenta de la enfermedad. Sanar una simple migraña, implica reprogramarte y esto significa soltar.

Lo importante es que comprendas que todos tenemos la posibilidad de sanar. Incluso en una condición de nacimiento como el síndrome de down o la parálisis cerebral, la calidad de vida podría mejorar a través de los padres para que el niño conecte con su realidad. En estos casos se identifican las necesidades de sanación en el árbol genealógico y en las emociones de los padres, quienes al realizar un proceso consciente estimulan una vida de oportunidades para sus hijos.

Todavía necesitamos tiempo para fortalecer nuestras capacidades desde el autoconocimiento para lograr reparar procesos celulares sin necesidad de un medicamento. Solo en esa consciencia, alcanzaremos ese poder autosanador.

En esta dimensión es claro recordar que la tierra se mueve con emociones. Una emoción te hace tomar decisiones y en cada cosa que haces hay una emoción que gestionada o no, tiene consecuencias a menor o mayor escala. El conflicto en medio oriente, por ejemplo, es un asunto de emociones no gestionadas, egos heridos, y creencias limitantes. Si te sientes atacado, quieres defenderte, esta ya es una creencia cultivada en el inconsciente colectivo de la humanidad.

La Experiencia de Facilitar

Descubrí otra parte de mí. Decidí estudiar para ser terapeuta con la determinación que me ha caracterizado siempre, lo hice en un nivel profundo de consciencia y cada vez que avanzaba en mis estudios llegaba a intimidarme y pensaba ¿En qué me metí? Cuando tomé la decisión sabía que era mi propósito, pero no era lo único que necesitaba. Fue aflorando en mí la habilidad para interpretar situaciones, mi capacidad de escuchar se refinó y supe que la única condición para sanar, es que la persona desee de corazón cambiar su realidad.

Mi función como terapeuta no es sanar, es facilitar las herramientas a las personas que acompaño, quienes a su vez sanan solas a través de un ejercicio de reconciliación.

Para mi grado como bioterapeuta, atendí veinte casos aislados y elaboré un trabajo escrito. Mi primera paciente fue Gloria, cuyo diagnóstico era esclerosis múltiple como yo. Fue gratificante para mi acompañarla para transformar su percepción de familia y de sí misma. Otro caso que atendí, solo necesitó de una sesión para resolver un conflicto materno recreado en la pareja y en la cuñada de don Luis, un hombre de setenta y cuatro años de edad que reflejaba esta situación en una uña encarnada.

La divinidad puso frente a mis ojos los espejos que necesitaba para entender que a mi alrededor podía seguir tocando vidas. A Casa del Retorno se acercaron personas maravillosas que estaban listas para servir a los demás y para transformar sus vidas. Una historia de dolor, sufrimiento, descalificación y escasez se fue convirtiendo en un camino para una de mis voluntarias. Poco a poco con cada pregunta y con voluntad de cambio llegó a declararse feliz y agradecida con todo lo que había logrado gracias a los espacios terapéuticos que compartimos amorosamente. Todo cambió en ella, la relación con sigo misma, con la familia e incluso con el dinero. Comprar una billetera nueva para recibir sus primeros billetes después de tres años de completa escasez es definitivamente un acto simbólico de renovación. Lo más lindo de esta historia, es cuando ella decide tomar la formación en biosanación emocional para ayudar a más personas.

Me quedó claro que no hay edad, condición o situación que limite nuestro poder creador, más que nuestra consciencia. En uno de los talleres que facilité con mi esposo, una pequeña de doce años comprobó el poder creador de su mente. Ante la creencia limitante de no regresar a su grupo de danzas por la situación económica de sus padres, recibe junto a su madre el acompañamiento para sentir el deseo cumplido mediante un ejercicio de meditación. Al mes siguiente me cuenta la buena noticia: un nuevo colegio con grupo de danzas.

Cada persona que ha llegado a mi vida me cuenta un poco de mi propia historia. Me cuentan sobre lo que ya he resuelto o sobre lo que me falta por resolver. Aún después de haber creado una nueva red neuronal y hoy siendo terapeuta, tengo experiencias todos los días que me permiten conocer más de mi y reconocer que sanar no es un objetivo, es un camino. Hace unos meses comprendí por qué no tengo hijos. Supe a través de una paciente que no quise ser mamá por dos razones; la primera, elegía parejas que no me generaban respaldo; la segunda, porque no quería copiar a mi mamá ó a mi abuela.

Algo se movió dentro de mi cuando una de mis consultantes me dijo "Thatiana, yo soy muy rígida y muy exigente, me gusta que las cosas se hagan como yo digo; esto me está generando dificultades en mi relación de pareja y también con mi equipo de trabajo". Ella también estaba hablando de mí, de mi necesidad de tener controlado todo y del miedo que siento a que las cosas salgan mal. Es como magia, facilitando el proceso de ella, me encuentro a mí misma y mejoro un aspecto de mi vida.

Una de mis grandes amigas, terapeuta reiki y experta en sanación por respuesta espiritual había alcanzado un nivel de consciencia importante. La decisión de vivir sola la llevó a tomar ser consciente de su temor a lo desconocido y una resignada aceptación de los abusos de seres queridos. Cuando decide asumir los resultados de sus decisiones y no modificar aquello que la llevó a consultarme aprendí varias cosas. La primera de ellas es que una decisión como esta no es buena ni mala y que este proceso de consciencia estará disponible para mi amiga cuando lo considere; la segunda lección aprendida fue la oportunidad de hallar dentro de mi lo que no lograba soltar, gracias a este proceso, eliminé el estreñimiento que por años padecí.

Entendí que así como es mi interior es mi exterior. Esto es fantástico porque empiezas a irradiar una nueva energía: la sutil energía del amor. La posibilidad de ayudar a los demás activó el proceso de transformación interior de las personas que me rodean. Mi esposo, mis amigos y mi familia reflejaron cambio para sí mismos y fui testigo de ello.

Tú También lo Haces

Después de sanar, convertirme en sanadora de otros ha sido una experiencia fantástica. De hecho, tu puedes ser un sanador. Decir una frase en el momento indicado, puede convertirte en el ángel de alguien; ese día que dijiste algo y simplemente hizo click en la otra persona, facilitaste un proceso de transformación.

Sin que sea tu propósito de vida, sin necesidad de certificarte, lo haces en el día a día. Si todos tuviéramos la posibilidad de ser conscientes de que podemos sanar a otro en lugar de herirle, tendríamos una sociedad más sana; cada vez que sanas a otro puedes ser autosanador y transformas tus creencias limitantes, fluyes en armonía y tienes esa sensación permanente de bienestar; si lo haces contigo, lo haces con los demás.

Aprendimos a ser hirientes y somos conscientes de esos momentos. ¿Qué tal si encuentras el sanador que llevas dentro?

QUINTA PARTE
SIENDO YO

Me gustaría que tu mente regrese al primer capítulo y recuerdes como era yo. Hoy quiero presentarme de nuevo.

Soy Thatiana Salazar, una mujer que ha logrado sentir y conectar con la sensación de felicidad, independientemente de lo que esté pasando afuera. Cuando empecé este camino de transformación, pensé que no lo lograría; decía que vivía momentos felices; ahora sé que la felicidad si existe y es posible sentirla permanentemente.

Pasé de replantearlo a vivirlo y logré ser feliz en medio de circunstancias adversas. ¿Y cómo ser feliz en circunstancias donde peleo con mi esposo o un taxista me cobra de más? me perturbo, me molesto, pero no me detengo ahí, recupero mi centro y ya no se me daña el día. Llegar a mi casa con migraña, dolor de cabeza o caer en la cama derrumbada por el cansancio era chocar con el otro, discutir y maltratarme. Ya no es necesario engancharme en un evento doloroso o conflictivo, cuento con las herramientas para gestionar adecuadamente esas situaciones, logro aprender de ellas y continuar.

¡Mi vida es como un jardín de rosas muy colorido y hermoso, en el que también hay espinas! Y agradezco las espinas, si no fuera por ellas no lograría evolucionar y tener las herramientas para construir una nueva realidad. Las espinas se encargan de decirme: Ahora, ¿En qué debo trabajar?

La pregunta cambió. Antes me preguntaba ¿por qué a mí? Ahora la pregunta es ¿para qué me está pasando esto? Ya tengo claro que es importante observarme y observar la situación. Ahora mismo tengo vértigo, me molesto y me pregunto: ¿qué debo solucionar? agradezco lo que siento, miro qué significa, conecto conmigo y siento nostalgia de no tener la posibilidad de perder el tiempo. Hoy podría estar pintando o viendo una serie, pero reconozco que eso no me nutre. En mi realidad hay muchas cosas que no me gustaban y me lo permitía; es normal que la red neuronal vieja me quiera cambiar. Es como tener un inquilino de muchos años que no quiere irse y cuando lo sacas, remodelas, pintas y todo cambia. En este momento vivo eso, la resistencia a soltar algo de mi pasado y yo misma quiero plantearlo diferente.

Como ves, es cierto que quienes hemos emprendido el camino espiritual mejoramos aspectos de nuestra vida, algunos ya resueltos, pero aún hay un montón de experiencias por vivir con emociones por gestionar. Hay momentos en los que yo acudo a un terapeuta para apoyarme en la gestión de lo que me está molestando o doliendo.

La felicidad es permanente, es lograr mantener mi sensación de bienestar.

No me falta nada, los obstáculos no me llevan a una catástrofe o a una tragedia. Hoy estoy conectada con una declaración: estoy bien donde estoy. La intención de curar una esclerosis múltiple, se convirtió en la sanación completa de mi vida.

Lo que empezó como una gran tragedia, en medio de una vida de angustia por una enfermedad, fue en realidad una gran oportunidad para tomar consciencia, asumir mi responsabilidad conmigo y tomar las riendas de mi vida; redireccionar mi camino, regresar al hogar de mi yo interior y reconocer mi grandeza. Como mujer me siento diferente, me proyecto con mi energía femenina y el hombre puede percibirlo. Estamos en un momento histórico para las mujeres, el futuro está en nuestras manos y estamos llamadas a reparar la energía femenina de la tierra. Pasé de ser la pobre mujer enferma, joven y sin hijos a una mujer valiente, que se siente bella, amada, poderosa y consciente.

Bien vale la pena decir: Gracias esclerosis múltiple, fuiste lo mejor que pasó en mi vida.

CAJA DE HERRAMIENTAS

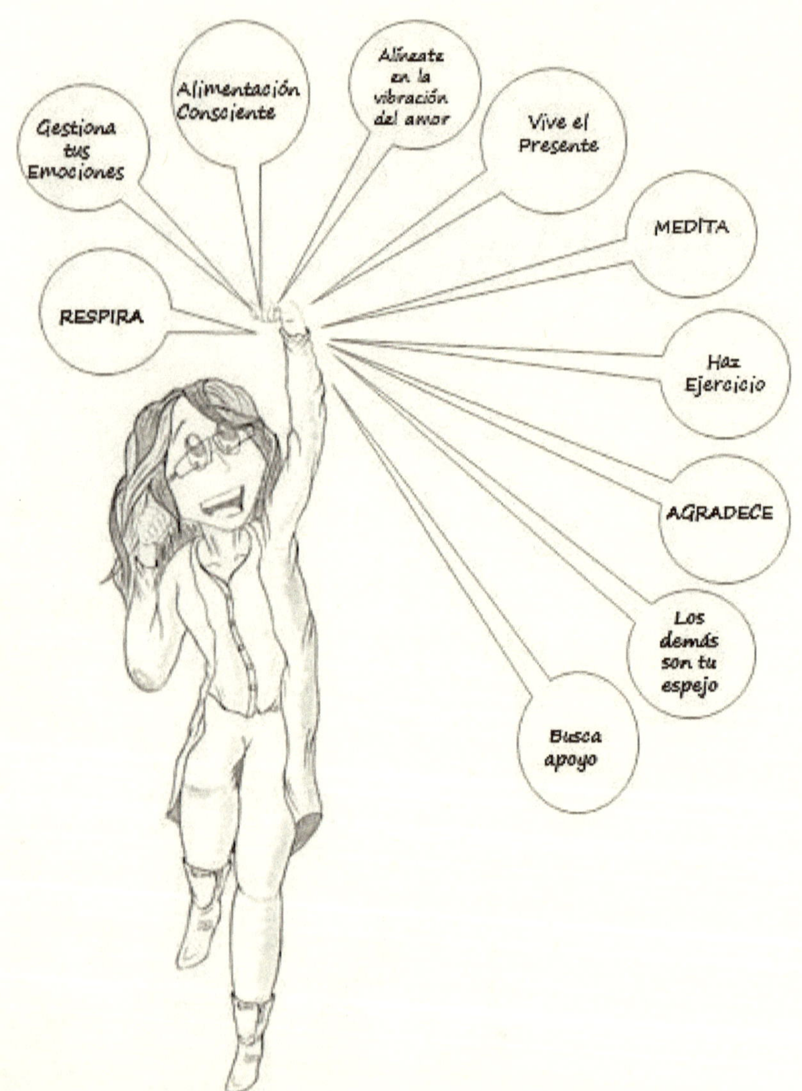
Gestiona
tus
Emociones
Alimentación
Consciente
Alínate
en la
vibración
del amor
Vive el
Presente
MEDITA
RESPIRA
Haz
Ejercicio
AGRADECE
Los
demás
son tu
espejo
Busca
apoyo

FUENTES QUE PUEDES CONSULTAR

Entidades de Apoyo:

Fundación Casa del Retorno:

Entidad sin ánimo de lucro, que trabaja con las personas que desean una vida en armonía.

Teléfono + 571 4727802
WhatsApp +57 310 7907416
https://www.casadelretorno.org/programaterapeutico/
contacto@casadelretorno.org

Terapeuta: Thatiana Salazar:
thatiana.salazar@casadelretorno.org
f/ Thatiana Salazar Bio
Bogotá, Colombia

Escuela Colombiana de BioSanación Emocional La escuela brinda un espacio de crecimiento y formación. Surgió como medio para brindar un proceso de desarrollo a aquellas personas que, siendo buscadores, desean de manera formal y divertida llevar su vida al siguiente nivel.

Los terapeutas de la escuela, brindan sus servicios presencialmente en Bogotá, Colombia y en modalidad virtual.

Teléfonos: +57 321 4692484 - +57 3214297581

Terapeutas:

Doria María Rodríguez
Terapeuta en Biosanación Emocional, y Coach emocional
WhatsApp +57 321 4692484

Andrea Lasprilla
Terapeuta en Biosanación emocional
Directora del programa de formación en Biosanación emocional WhatsApp +57 321 4297581

Fundación Arcángeles

Entidad sin ánimo de lucro, conformada por cuatro áreas de trabajo, enfocadas al mejoramiento de las condiciones de vida de las poblaciones vulnerables de Colombia. Brindan servicios de rehabilitación Integral.

PBX +571 629 7047
info@arcangeles.org
Calle 106 No. 17a – 43
Bogotá, Colombia
http://arcangeles.org/salud-ips-rehabilitacion

Sitio oficial Isha Jude: Sistema Isha de autococimiento y consciencia plena.

https://isha.com/

Libros y autores recomendados

Gloria Pérez, Alimentación Holística.

Gregg Brnder, La matriz Divina.

 Isha ¿Para que caminar Si puedes volarJoe Dispenza;

"Deja de ser tu: la mente crea la realidad" URANO 2012

Links:

Gregg Braden: Escritor estadounidense, estudioso e investigador de Física Cuántica, ha argumentado que las emociones humanas afectan el ADN y que la oración colectiva puede tener efectos físicos curativos:

https://www.youtube.com/watch?v=xG4DQGY4Dvc

172

La Ciencia de los Milagros-El lenguaje cuántico de sanación, de paz, de sentir y creer:

https://www.youtube.com/watch?v=VrLu-Clwg1c

Carl Jung: Características de la mente inconsciente: Teorías de la personalidad:

http://webspace.ship.edu/cgboer/jungesp.html

Enric Corbera:

https://www.enriccorberainstitute.com/instituto/biogra fia-enric-corbera

Emilio Carrillo:

Conferencia: Dios es yo y yo soy Dios?,
https://www.youtube.com/watch?v=xYIK09XA7Dw

Matías De Stefano:
Claves Ater Tumti, Documental Completo
Silvina Páez: Freedom healing,
http://www.freedomhealing.org

El Simbolismo de la mente inconsciente:
https://www.institutodraco.com/es/article/54/elsimbolismo-de-la-mente-inconsciente

Endorfinas: http://www.saludymedicinas.com.mx/centros-desalud/salud-femenina/articulos/endorfinas-hormonasde-la-felicidad.html

Sofrología: http://www.sofrologia.com

Teoría del vacío,
http://pensarbienfv.blogspot.com.co/2010/03/ley-del-vacio-josephnewton.html

Terapia de respuesta espiritual TRE
http://respuestaespiritual.com/acerca_robert_detzler.

Zumba® , https://es.wikipedia.org/wiki/Beto_P%C3%A9rez

EPÍLOGO

Caminando por las líneas de este relato, nos encontramos con una paradoja:

Somos dramáticamente frágiles e infinitamente poderosos simultáneamente.

Mientras Thatiana desenreda esta madeja ante nuestros ojos, vamos sintiendo todos los tintes emocionales de la condición humana y nos topamos con una realidad que nos acompaña siempre, pero cómodamente la ignoramos: Desde nuestras emociones intervenimos nuestra intimidad visceral y las reflejamos en toda nuestra corporalidad.

La autora de manera sencilla y diáfana hace explícita su filosofía existencial y nos muestra la gran ventana de la consciencia.

Nos ha invitado a hacernos responsables de nosotros mismos. Y desde esa mismidad vivir la hermosa experiencia de relacionarnos con nuestros ancestros, desde la gratitud, el amoroso reconocimiento y así como El Mago, ser capaces de utilizar las herramientas que se nos heredaron para crecer y vivir nuestra experiencia y de guardarlas luego, en el fondo de un maletín para que allí reposen o retornarlas gratamente a quien las legó; sin perder de vista que en cada mente también existe como herencia, la capacidad potencial para dar designios de finalidad a nuestro sentir, pensar y obrar.

Así las cosas, es la determinación que caracteriza a Thatiana la que desencadena el proceso consciente en el que la idea y la concentración de la atención son establecidas por la propia voluntad para salvar la individualidad, vencer el miedo, la angustia diaria y hallar razones válidas para vivir.

Cobra vigencia el antiguo "Conócete a ti mismo" del frontispicio en el Templo de Delfos, porque se pasa de lo ajeno a lo propio cuando Thatiana evidencia que si es posible y en una caja de herramientas nos da como legado un invaluable tesoro de autores y métodos que hacen expedito el transitar por el apasionante viaje hacia el interior y desde allí transformarnos y transformar nuestro entorno.

Igualmente sorprende ver cómo una vez en el camino, feliz, Thatiana se abre a nosotros para inspirar ideas animosas y emociones gratas, sugerirnos actos edificantes, propiciando el mejoramiento personal; exalta nuestros méritos y estimula los anhelos superantes que pueden llevarnos a transitar el mismo camino, un camino feliz en sí mismo...más allá la anhelada meta como un deseo legítimo y auténtico: sanación.

Tomemos la determinación y disfrutemos el nuevo viaje; es esperanzador saber que podemos decidir ser sanos, prósperos y felices.

Gracias Thatiana.

Con profunda admiración y afecto;

Isabel Emelia Salazar Constaín.

ISBN:9789584848901

www.ingramcontent.com/pod-product-compliance
Lightning Source LLC
Chambersburg PA
CBHW030311160726
47992CB00005B/1969